KB133879

살다보니 인문학

살다보니
인문학

정현태

글동

깨달음은 있지만 답은 없고 공감의 힘은 있지만 물리적인 힘으로

표현하기 어려운 것이 삶입니다. 삶의 무늬 즉 사람다움이

인문학이기에 시민이자 생활인으로서 나만의 인문학이 필요합니다.

생활인을 위한 잡종 인문학

인문학이라는 거창한 얘기를 쿨하게 나누고 싶습니다. 마음과 마음의 학문이고 인간 저마다의 삶이 하나의 인문인데 어려울 필요가 없기 때문입니다. 모든 생명이 그러하듯 모든 학문도 경쟁력을 갖기 위해서는 순혈주의가 아닌 이종교배를 통한 잡종으로 거듭나야 끈질기게 살아남을 수 있습니다. 그래야 생각도 학문의 다양성도 풍부해지고 종의 발전과 진화에도 도움이 된다고 믿습니다.

개똥밭에 굴러도 이승이 좋다는 말이 있습니다. 저승을 가본 사람이 없기에 이승에서의 삶을 갈망하는 이유일 것입니다. 정말이지 사노라면 비단길 꽃길은 고사하고 개똥 같은 길을 얼마나 많이 걸어가야 합니까. 생활인은 잡초처럼 살아갑니다. 삶과 생활 때문에 바람보다 먼저 눕기도 하고 짓밟히고도 다시 일어나기를 반복하지요. 그러한 생활인들을 위해 따뜻한 얘기만을 한다는 것은 위선이고 학문의 기만이라 생각합니다. 생활은 그다지 아름답지도 따뜻하지도 않기 때문입니다.

그런데 왜 우리는 살아남고자 버둥거리고 살기 위해서 아우성칠까요. 생명 때문입니다. 생명의 알고리즘은 아무리 하찮은 생명일지라도 '살아남아라!'하고 명령합니다. 어쩌면 우리 인간은 아니 모든 생명은 생명을 보존하고 확산시키려는 유전자의 명령에 그냥 따라가는 존재일 수도 있습니다.

그러나 아무리 유전자의 명령 때문에 살아가고 있을지라도 우리 인간은 유전자에 능동적 의지로 저항할 수 있는 유일한 존재입니다. 신을 만들고 신의 지배를 받고 돈을 만들고 돈의 노예로 살아갈지라도 그것을 만든 존재인 인간은 내가 왜 사는가를 그리고 내가 왜 죽는지를 묻고 답할 줄 아는 그런 존재입니다. 스스로를 현명하고 슬기롭다는 뜻의 사피엔스라고 이름 지은 우리 인간은 신과 돈, 법과 제도, 문화와 규범에 맞설 수 있는 근거를 관계의 결정인 사랑에서 찾기도 합니다. 기실 신과 자연법칙, 중력을 이기는 유일한 힘은 사랑일지도 모릅니다. 사랑의 위력을 믿지 않아 스스로를 사랑하는 저주를 받은 나르시스와 같은 신화 속의 인물도 있지만, 대다수의 사람들은 사랑 때문에 살고 사랑하기 위해서 살아갑니다. 사랑 없이, 사랑하지 않고 살아가는 사람을 사람답다고 보기 어렵기에 사람이 살아가는 최고의 가치가 바로 사랑이고 사랑이야말로 행복으로 향한 유일한 길입니다.

사람을 알아가고 사람을 사랑하기 위해서 하는 공부가 인문학이기에 인문학이 지식의 첫 출발이자 지혜의 마지막입니다. 우리가 책을 읽고 배우고 토론하며 공부하는 이유는 지식을 쌓기 위함이 아닙니다. 지식만을 쌓기 위해 하는 공부는 필경 자신을 재앙으로 몰아가거나 지식의 저주라는 늪으로 빠지게 만듭니다. 10분이면 될 얘기를 전문가입네 하면서 한 시간 두 시간씩 떠들어 데는 것이 지식의 저주입니다. 한 페이지면 설명이 될 것을 100장에 담아본들 그 본질이 달라질까요. 공자님은 시경의 시 305편을 여섯 자로 짧게 정리했습니다. '시삼백사무사 詩三白思無邪' 시경의 시 300편이 삿된(비뚤어진) 것이 하나도 없다고 한 이 명쾌한 비평이야말로 내공의 결정이랄 수 있습니다.

우리 사회에서 인문학이 대세가 된 것은 얼마 되지 않습니다. 사람이 살아가는 자체가 인문학이고 우리의 생활 자체가 인문입니다. 철학 역사 문학 정치 사회 경제 등 인간과 세계 거의 모든 것을 논하는 학문을 모두 전문가처럼 알 수는 없습니다. 하지만 인문학은 별도로 공부하지 않아도 삶과 생활을 통해 자연스럽게 익힐 수 있고 한 사람 한 사람의 삶 자체가 하나의 장엄한 인문학입니다. 삶과 인생을 조금만 관심을 가지고 관찰하고 깊이 들여다보는 습관을 들인다면 인문학이라는 게 그리 어려운 게 아님을 알게 됩니다.

인문학이라는 것이 조금만 생각해보거나 공부해 보면 거의 가다 아는 얘기인 상식과 교양이고 극히 일부만이 전문지식인이 사용하는 전문용어입니다. 드라마나 영화 보면 의사가 사용하는 의학용어가 참 어려운데도 배우의 연기를 보면 진짜 의사처럼 보이는 것처럼 실제의 세상도 그러합니다. 화장과 분식, 거짓과 위선으로 상식과 교양의 범위를 넘어 생활하는 것처럼 보이지만 사실은 별거 없습니다.

베스트셀러가 된 인문교양서나 세계적 석학이라는 사람들은 어려운 얘기를 주절거리지 않습니다. 지극히 일반적 상식의 정리이자 나의 삶과 연관된 문제들을 얘기합니다. 다만 우리가 이것을 체계적으로 정리하면서 살아가고 있지 못하기 때문에 인문학은 방대하고 어려우며 철학자나 교수 등 전문가들의 것으로 생각하기 때문에 어렵게 느껴지는 것은 아닐까요.

생각만 해도 가슴 벅찬 사랑, 행복, 삶과 인생. 자연과 세계, 별과 시간.... 이러한 문제들 모두 나와 같은 종인 인간과 연관되지 않은 것이 어디 있을까요. 인간은 삶과 죽음의 의미를 아는 유일한 존재입니다. 그러나 자신과 세계의 문제를 자신의 몸과 지혜로 책임지고 해결하려는 노력은 쉽게 하려 들지 않습니다. 자신의 생각과 삶의 문제를 전문가나 학자들의 손에 맡기려고 합니다. 나의 삶을 전문가의 손에 맡길 수 있을까요. 나의 사랑을 행복을 그들이 책임질 수 있다고 믿나요. 그렇지 않다면 당장 자기 삶의 주인이 자기 자신이라는 확신으로 한 걸음을 내

디녀야 합니다. 우리는 모두 생명으로 존재하는 한 행복해야 합니다. 하늘과 별을 보며 동경과 경외를 사람과 꽃을 보며 행복과 사랑을 느낄 수 있는 존재들이기 때문입니다.

깨달음은 있지만 답은 없고 공감의 힘은 있지만 물리적인 힘으로 표현하기 어려운 것이 삶입니다. 삶의 무늬 즉 사람다움이 인문학이기에 시민이자 생활인으로서 나만의 인문학이 필요합니다. 자기 삶의 주인이자 자유의지를 가진 인간은 책임 있는 세계시민이자 공동체의 구성원으로서 교양과 상식이라는 앎, 그리고 생활인으로서 실천과 행동이라는 함의 변증법적 통일을 위해 살아갑니다. 사람다움의 길에서 사람다움의 멋만이 있지는 않습니다. 불편하고 고통스러운 과정도 인간의 길이기 때문입니다. 마치 서울로 가는 길이 다양한 것처럼 그리고 세상에 존재하는 모든 것이 똑같은 게 하나도 없는 것처럼 말입니다.

사람이 살아가면서 꼭 알아야 할 것이 있고 또 꼭 실천해야 할 것이 있습니다. 물론 몰라도 살아가는 것이고 실천하지 않아도 살 수는 있습니다. 그러나 어떻게 얻은 삶이고 인생인데 아무렇게 살다가 간다면 얼마나 슬픈 일이겠습니까. 나는 나의 삶은 어떻습니까. 허투루 보내기에는 너무도 아까운 시간이 지금도 매초 매분 씩 흘러가고 있습니다. 시간을 허비하면 나의 삶도 조금씩 비어가기 마련입니다.

쉽게 더 쉽게 아주 쉽게 쓴 길지 않은 글들을 통해 나처럼 생활인으로서 살아가는 평범한 시민들이 삶과 인문에 대해서 함께 생각해볼 기회를 만들고자 했습니다.

자기 자신이 소외되고 나 없는 인문학에서 나만의 인문학, 자기 자신이 주인인 인문학을 만들어 가는 소중한 인생들을 기대해 봅니다.

살다보니
인문학

1부

인문학 여행

사람은 사실 오늘만을 삽니다.

어제는 지나가서 살 수 없으며 내일은 아직 오지 않았으니

단지 오늘 하루만을 사는 것입니다.

때문에 오늘 현재 지금에 충실한 것이 가장 빛나는 삶이자

행복으로 가는 유일한 길입니다.

1장.
삶의 인문학

어떤 이유에서건 우리는 지능이 있는 행성 지구라는 별에 태어났습니다. 생로병사의 한계와 업보를 안고 살아가지만 인간만이 자신이 사는 이유와 죽음의 의미를 아는 유일한 존재입니다. 우리는 우주적 견지에서 본다면 티끌 같은 존재이지만 우주의 티끌을 담고 우주적 삶을 살아가는 위대한 존재입니다.

이미 태어나서 존재하는 한 우리는 살아가야 합니다. 살아간다는 것은 어쩌면 살아남는다는 것이고 살아남아야 모든 가능성이 열립니다. 존재 자체는 생명으로 확인되고 생명이 있어야 가능성을 실현할 수 있습니다. 또한 존재의 의미는 다른 존재들과의 관계를 통해서만 증명될 수밖에 없으며, 다른 존재와 내가 원래부터 하나였고 궁극에도 하나라는 사실을 삶 속에서 깨닫고 실천할 때 자신의 존재의 이유에 대한 답을 찾아갈 수 있을 것입니다.

왜 사냐 건 웃지요

우리는 '왜why?'라는 질문을 죽을 때까지 하고 삽니다. '왜'라는 회의는 거의 모든 질문의 시작이자 종착점이기 때문입니다. 삶에서 '왜'라는 질문이 없다면 살아갈 힘도 희망도 발견하기 어렵습니다. 사람이 삶에서 자신의 존재 이유를 묻는 것에서 출발해야만 실천의 방법과 삶의 방향을 잡아갈 수 있습니다. 그래서인지 니체(Friedrich Wilhelm Nietzsche, 1844~1900)는 "삶에서 자신의 존재의 이유인 왜why를 가진 자는 거의 모든 방법과 거의 모든 어떻게how를 견뎌 낼 수 있다."라고 말했는지 모르겠습니다.

하지만 우리는 보통 본질적인 질문이자 생각의 기초인 왜라는 화두를 잃고 '어떻게'에만 집중해서 살아갑니다. 탓할 수는 없습니다. 하지만 '어떻게'에만 집중하는 삶은 결국 개인의 발전을 처신과 처세에서만 찾는 한계를 지닐 수밖에 없습니다. 사람이 사는 이유를 사랑하는 이유를 깊이 고민하지 않는다면 인생이라는 커다란 산을 보지 못한 채 나무 몇 그루만 바라보다가 사라지는 이슬 같은 처지가 될 것입니다.

인간은 왜 사는 걸까요? 너무나 어려운 질문이지만 지극히 평범한 대답은 생명으로 존재하기 때문에 살아가는 겁니다. 생명으로 존재함 즉 생존하기 때문에 살아가는 것이라는 거죠. 생명의 속성은 첫째가 생존이고, 둘째가 번식 즉 자기복제입니다. 모든 생명은 세포로 존재합니다. 생명의 기초단위인 세포에는 DNA라는 게 있는데 이러한 DNA를 통해 생명은 종을 유지하고 번식시킵니다. DNA는 생명에게 '살아가라'라는 명령을 하고 생명은 이 명령에 따라 자신을 지키는 일이 생명의 본성이라고 봐도 무리는 아닙니다. 그래서 리처드 도킨스 (Clinton Richard Dawkins, 1941~)는 일찍이 이기적 유전자라는 책에서 '인간은 DNA의 생존수단'이라고 일갈했는지도 모르겠습니다. 동물이든 식물이든 모든 생명체는 어떤 악조건 속에서도 살아남기 위해 투쟁합니다. 자신의 선택으로 태어나지는 않았지만, 시멘트나 아스팔트 바닥을 뚫고 나온 작은 풀들이나 척박한 사막이나 혹한의 오지에서 살아가는 생명을 보면 생명의 명령을 지키기 위해 얼마나 경이롭게 살아가는지 감동이 아닐 수 없습니다. 수 억 년 동안을 생명은 그렇게 해서 살아남았습니다. 사람이 살아가는 가장 큰 이유도 생명이 주어진 존재이기 때문입니다.

그렇다면 생명은 어떻게 출현했을까요? 생명은 그야말로 우연과 우연의 연속이 만들어 낸 기적 같은 결과이고 행운처럼 다가왔습니다. 생명은 지구상에서 38억 년 전 처음 단세포로부터 출발해서 지금 수많은 종을 거느리고 있는 식물계와 동물계로 진화해 왔습니다. 태초에 시작은 빅뱅처럼 하나의 점 하나의 세포에 불과하였지만, 생명체의 가장 막내격인 인간까지 진화해 온 것입니다. 자연과 진화에는 의식이 없지만 의식적인 변화보다 훌륭한 결과를 창조했습니다. 굳이 생명체의 계통도를 살펴보지 않더라도 상식적으로 알 수 있는 얘기입니다. 주변을 둘러보면 뜬금없이 산 하나만 우뚝 솟아 있는 경우는 없습니다. 하나하나의 산들은 수백 미터 수천 미터의 땅속에서부터 연결되어 있습니다. 밖에서만 본다면 하나하나의 자기 이름을 지니고 있는 산맥이고 봉우리이겠지만 지구의 속 살 깊은 곳에서 본다면 원래 하나였음을 알 수 있습니다. 이미 74억 명을 넘어선 사피엔스도 그러합니다. 애초에 하나의 조상에서 출발해서 지금의 인류로 진화해 왔습니다. 우리 모두는 애초에 하나였다는 사실을 잊지 않는 것이 중요합니다. 애초에 하나에서 출발한 하나의 생명이라는 인식을 같이할 때 동물권을 넘어서 생명권 그리고 생태와 자연에 대한 존중과 경외심을 잃지 않고 살아갈 수 있기 때문입니다.

물론 생명으로 존재하기 때문에 살아간다는 것은 왜 사냐는 물음에 대한 가장 기본적인 답변에 불과합니다. 그러나 생명에 대한 이해와 인식이 부재하다면 자신이 살기 위해서 뭐든지 해도 된다는 오만한 생각을 가질 수도 있습니다. 인간도 별수 없는 생명인지라 살기 위해 노력하고 살아남아 생명을 유지하고 후손 통해 DNA를 퍼트리는 것이 본성이고 가장 기본적인 일을 충실히 해내는 거라 할 수 있습니다. 하지만 만물의 영장(?)이라는 사람이 단지 생명체이기 때문에 살아가는 거라고 한다면 참 허무한 답변입니다. 생명이 있어 살아있으니 살아간다는 것은 너무나 당연해서 헛웃음마저 나옵니다.

그러나 살아있지 않다는 것은 죽은 것이니 죽은 것은 생명으로서의 모든 가능성을 잃은 상태입니다. 모든 가능성을 잃고 죽음에 이르면 인간으로서든 생물로서든 할 수 있는 것이 아무것도 없습니다. 그래서 1차적으로 살아있어야만 자연과 세계에 대한 관찰과 도전을 할 수 있고 사람다운 삶, 진리를 추구하는 사람의 길을 걸을 수 있습니다. 즉 생물학적 인간은 살아가는 것이 중요한 이유이겠지만 이성을 갖고 DNA에 능동적으로 저항할 수 있는 인간으로 살아가고자 한다면 마음과 이성의 힘을 통한 진리를 추구하는 삶이 최선의 삶입니다. 마음은 그 사람의 영혼이고 마음의 길은 사랑으로 담금질 됩니다. 이성의 힘은 지식보다는 지혜로 각성되며 관계에 대한 인식과 깊은 생각으로 탄탄해집니다. 사랑과 지혜 마음과 이성을 통해 우리는 진리를 추구하는 매력 있는 인간으로 살아갈 수 있습니다.

왜 사냐는 허탈한 질문에 생명이 주어졌으니 그저 살아갈 뿐이라고 웃으며 답할 수 있다면 이 또한 얼마나 아름다운 삶이겠습니까.

사람답게 사는 삶

사람이 사는 이유는 생명체이기 때문이지만 생명은 영생할 수 없습니다. 오직 한 번밖에 주어지지 않는 유한한 삶이기 때문에 최선을 다해 가치 있는 삶을 살아가야 합니다. 삶의 중요성을 이해하고 삶의 유한함을 인정하는 데서 출발해서 오늘을 사는 것입니다.

최선을 다하는 가치 있는 삶이란 사람의 본성에 충실하되 사람의 마음과 생각을 올곧게 지켜가는 삶입니다. 사람답게 살기가 쉽지 않습니다. 거리에 나서기만 하면, 또 스마트폰만 바라봐도 온갖 욕망과 유혹과 쾌락과 재미의 덫을 이겨내기가 쉽지 않습니다. 최선을 다하는 삶은 의미와 재미를 함께 추구하면서 오늘 즉 단 하루 이 순간을 가치 있고 행복하게 사는 것입니다. 수행자가 아닌 이상 인생을 의미만으로 살아가기는 쉽지 않고 그렇다고 해서 인생을 재미만으로 살아가는 것도 맹동적일 수밖에 없을 것입니다.

사람은 사실 오늘만을 삽니다. 어제는 지나가서 살 수 없으며 내일은 아직 오지 않았으니 단지 오늘 하루만을 사는 것입니다. 때문에 오늘 현재 지금에 충실한 것이 가장 빛나는 삶이자 행복으로 가는 유일한 길입니다.

행복을 추구하면서 사람답게 사는 것은 오늘 지금부터 당장 죽는 순간까지 사람을 사랑하는 것입니다. 사랑으로 충만한 최적의 상태가 행복이고 사랑하는 것이야말로 사람이 할 수 있는 가장 가치 있는 일이자 중요한 일이기 때문입니다.

사랑은 왜 할까요? 그리고 사랑은 무엇인가요? 행복하고 사람답게 살아가기 위해서는 자신이든 타자든 그 어떤 대상에 대한 간절한 바람이 있어야 합니다. 이러한 마음을 사랑이라 할 수 있습니다. 사랑하는 마음이 없이 살아간다면 살아있어도 산 것이라고 보기 어렵습니다.

사랑은 무엇일까요? 눈물의 씨앗이라는 사랑Love의 어원은 산스크리트어의 Lush로 갈망이라는 뜻이라고 합니다. 자아든 타아든 대상에 대한 간절히 바라는 갈망이 사랑이라는 것입니다. 불교에서는 사랑愛을 십이연기十二緣起의 하나로 '좋아하여서 탐하는 마음'이라고 합니다. 우리말로 사랑은 대상에 대해 생각하는 양이라는 뜻인 사량思量에서 왔다는 얘기도 있습니다.

사랑하게 되면 계속 생각이 나고 그 생각의 양이 사랑이라는 건데 그럴듯합니다.

김윤아의 노랫말처럼 사랑은 지나고 나면 아무것도 아닌 마음의 사치일까요. 첫사랑을 하면서 얻은 열병 같은 것은 지나고 나면 마음의 사치처럼 보일 수도 있습니다. 소주 몇 병에 긴 밤을 지새우면서 참회의 마음으로 가슴을 치는 것도 사랑이겠습니다. 개인적인 사랑도 사랑이고, 범우주적인 사랑도 사랑입니다. 자기에게서 출발하여 애초에 하나였던 또 다른 자신을 사랑하는 것 그렇기에 모든 사랑은 자체로 빛이고 힘이 있습니다.
자신에게 솔직한 마음과 열정으로 자신이 부서질지라도 굽히지 않는 마음, 자신을 파멸시킬 수 있는 자기 안의 태풍을 갖고 반反사랑에 당당히 맞서는 게 사랑입니다. 이렇게 본다면 '사랑'은 명사가 아닙니다. 살아 꿈틀거리며 한시라도 참을 수 없게 만드는 동사입니다. 그것도 언제나 진행형이며, 구체적인 실천을 담보해야 하는 어떤 단어보다 힘이 센 말입니다. 무서운 말이고, 힘찬 말이고, 그 자체로 아름답고 사람이 해야 할 도리를 일깨워주는 말이죠.

마음을 다해 마음을 얻는 것 죽음의 공포와 견딜 수 없는 고통을 이겨내게 만드는 힘이 사랑입니다. 또한 이끌림, 책임지는 것, 상대에 대한 배려와 공감, 표현하는 것, 자신만을 고집하지 않는 것, 그대로 있는 그대로를 보여주고 보는 것, 증오와는 길항 관계지만 변증법적으로 통일되어 있는 것 이러저러한 모두가 사랑이라 할 수 있습니다.

우주 만물 무엇 하나가 소중하지 않은 게 없습니다. 천하무인 天下無人 즉 세상에 남이란 없다는 말입니다. 인간은 한때 신에게 도전할 수 있는 유일한 무기가 사랑이라고 믿었습니다. 기실 우주에서 중력을 이기는 유일한 힘이 사랑인지도 모를 일입니다.

호모사피엔스가 절멸하지 않은 이유 역시 유전자의 우수성보다는 그들 인간이 가지고 있는 사랑이라는 에너지 때문일 것입니다. 사랑이 없는 종족 사랑을 잃은 많은 나라는 망했지만, 그것을 지키고 그것에 대한 믿음으로 나아간 나라와 종족은 마침내 살아남았습니다.

세상과 사람을 사랑한 죄로 많은 사람들이 커다란 고난을 겪어야만 했습니다. 예수는 십자가에 못 박혀야 했고, 소크라테스는 독배를 마셔야 했고, 석가모니와 공자는 걸식과 유랑을 해야만 했습니다. 비단 성현이나 위인만이 아니라 평범한 많은 인류도 사랑이라는 죄로 단지 사랑했다는 사실만으로 많은 시련을 겪어야 했습니다.

그래서 단련된 것 그래서 아름다워진 것 그래서 힘이 된 것 그래서 여전히 버릴 수 없는 것 가끔 넌덜머리가 나도 그것 없이는 하루도 사람답게 사람 노릇 하면서 살 수 없는 것 그것을 사랑이라 부르고 있습니다. 그래서 사랑은 늘 애잔하지만 가슴을 따듯하게 합니다.

어쨌든 사랑은 간절한 마음과 생각인데 사랑한다는 것은 주는 것도 받는 것도 아니라 그냥 그저just 하는 것입니다. 그냥 사랑한다는 것은 아무런 조건도 없고 특별한 때도 없습니다. 사람이라는 존재로서 살아있으면 자연스럽게 그냥 하는 것이 사랑입니다.

또한 시도 때도 없이 생각나고 몸만이 아니라 마음을 다해서 하는 것이 사랑입니다. 배워서 하는 것도 아니고 그냥 사람이라면 누구나 아무 때 아무 곳에서나 할 수 있는 게 사랑이라는 것입니다. "사랑하였으므로 행복하였네라"라는 시구처럼 추억

하면 아름답고 나누고 실천하면 편해짐을 느끼게 됩니다. 사랑 없는 삶이란 어두운 무덤과 같고 죽음과도 같기 때문입니다.

사랑이 이토록 중요하지만 인간은 무엇보다도 자기 자신을 가장 사랑합니다. 대표적인 예가 모든 사람이 사랑이란 걸 하게 되면 자기가 사랑하는 사람의 눈동자를 빤히 바라보게 되는데 이는 사랑하는 사람의 눈동자 안에 존재하는 자기 자신을 발견하기 위함입니다. 너를 사랑하는 이유도 너 안에 있는 자기 자신을 찾기 위함인 것이죠. 누군가를 사랑한다는 말도 당신이 어떤 이유 없이 사랑스럽다는 게 아니라 사실 내가 당신을 사랑하기를 원하기 때문에 당신을 사랑한다는 말과도 같습니다. 때문에 사람은 자기 자신이 원하지 않거나 사랑할 이유나 필요가 없으면 사랑을 철회합니다. 그래서 사랑을 인간의 이기심을 드러내는 가장 극단적인 표현이라고 하는 말도 있고 사랑이야말로 인간이 개발한 가장 지독한 낭비라는 말도 있습니다. 하지만 사랑이라는 것이 자기 자신을 가장 사랑하는 것에서 출발한다고 할지라도 삶에서 사랑이라는 것이 없다면 오아시스 없는 사막처럼 인생도 메말라 갑니다. 비록 오늘은 나 자신을 사랑할지라도 나에게서 출발하여 모두를 사랑할 수 있는 마음가짐이 필요합니다.

자사子思(孔伋, BC492년 ~ BC431년경, 공자의 손자)가 "백 마음으로 한 사람을 얻을 수는 없지만, 한마음으로 백 사람을 얻을 수는 있다. 百心不可以得一人 一心可以得百人 백심불가이득일인 일심가이득백인"라고 말한 것처럼 우리는 사람을 사랑하는 하나의 마음만 있다면 모두를 사랑할 수 있습니다. 모두를 알 수는 없지만 모두를 사랑할 수 있다는 것처럼 위대한 삶이 또 있을까요.

사람이 사랑하는 것이야말로 사람이 진리를 추구하는 최선의 삶을 통해 행복에 도달하기 위한 거의 유일한 방법이라 할 수 있습니다. 사랑과 행복을 통해 우리 인간이 왜 사는지의 이유에 대한 저마다의 해답과 진리를 향한 빛의 여정인 삶에 대해 한층 성숙하게 접근해볼 수 있을 것입니다. 결국 사랑하면서 사는 삶이 사람답게 사는 길입니다.

생각하면서 사는 삶

생각하면서 살지 않으면 사는 대로 생각하게 된다고 합니다. 삶의 가치는 생각의 깊이와 생각의 다양함에서 만들어집니다. 어제의 생각이 오늘의 나를 만들고 오늘의 생각이 내일의 나를 만드는 법입니다. 데카르트(RenéDescartes, 1596~1650)의 '나는 생각한다. 고로 존재한다. Cogito ergo sum-I think therefore I am'라는 '허망한'말처럼 생각하기 때문에 존재하는 것은 아니지만 생각한다는 것은 자신이 존재함을 명징하게 증명해 줍니다.

사람은 누구나 생각을 하면서 살아갑니다. 삶을 살아가기 위해서는 생각 없이는 불가능하기 때문입니다. 더욱이 진리를 추구하는 최선의 삶을 살려면 깊은 내면의 성찰이 필요합니다. 그렇기 때문에 소크라테스(Socrates BC470~BC399)는 숙고하지 않는 삶은 살 가치가 없다고 말했습니다. 생각하지 않는 삶, 회의하고 의심하지 않는 삶, 반성하고 깨닫기 위해 노력하지 않는 삶은 살 필요가 없다는 말입니다.

우리가 흔히 말하는 생각은 떠오르는 것을 말하지만 여기에서 말하는 생각은 가볍게 또는 짧게 떠오르는 것을 말하는 것이 아닙니다. 불가佛家에서는 하루에도 오만가지의 생각을 한다고 합니다. 사실 현대 과학이 밝혀낸 바로는 인간은 하루에 6만 번의 생각을 한다고 합니다. 말 그대로 인간은 매일 오만 잡생각을 하면서 살아갑니다.

생각은 질문과 회의(의심)를 통해서 격물치지格物致知-사물의 이치를 깨우침-의 경지에 다다를 때까지 밀어붙여야 하나의 결과를 만들어 냅니다. 몰입의 힘을 통해서 극단으로까지 생각의 깊이를 파고들 때 해답과 비슷한 결과를 얻을 수 있다는 말입니다.

그래서 버트런드 러셀(Bertrand Russell, 1872~1970)은 "대부분의 사람들은 생각하는 것을 죽기보다 싫어한다"라고 말했는지도 모르겠습니다. 사람들은 매일 오만 잡생각을 하지만 진정한 생각을 하지 않고 살아간다는 뜻이기도 하고 생각한다라는 것이 그리 쉬운 일이 아니라는 것을 반증합니다.

사실 몰입과 격물치지라는 것은 우리 같은 평범한 시민들이 하기에는 쉽지 않은 것이 사실입니다. 매우 고통스러운 작업이고 수많은 실패와 시행착오 그리고 단련鍛鍊이 필요하기 때문입니다. 실패와 시행착오는 단련의 과정에서 필연적으로 겪어야만

할 경험이지만 이러한 실패와 시행착오 없이 성공으로 나아가
기란 하늘의 별 따기처럼 어렵습니다. 라이트 형제도 수백 번
의 실패와 시행착오 끝에 비행기를 만들 수 있었습니다.

단련은 일본 이도류二刀流의 창시자이자 전설적인 검객이었던
미야모토 무사시(宮本武蔵, 1582~1645)의 표현대로 한다면
1,000번을 연습하는 게 단련鍛이고 10,000번을 연습하는 게 련
鍊이라고 합니다. 무언가에 대해 천 번과 만 번을 연습한다면
달인까지는 아닐지라도 고수의 단계는 가능할 것입니다. 한 가
지에 대해서 천 번 만 번 생각할 수 있다면 평범한 사람들인 우
리도 충분히 하나의 경지에 이를 수 있습니다.
동양 고전 서경書經 태갑太甲편에 '생각하지 않고 어찌 얻을 수
있으며, 시도하지 않고 어찌 이룰 수 있겠는가?'라는 말이 있습
니다. 깊이 생각해야 얻고 시도해야 이룬다는 진리는 변할 수
없습니다. 생각하고 말하고 행동하는 것이야말로 사람이 할 수
있는 가장 기본적인 표현방식이자 사람과 다른 종과의 차이이
기도 합니다.

수전 손택(Susan Sontag, 1933~2004)의 "나는 생활 속에서
맞닥뜨리는 모든 일을 사고한다"라는 말처럼 사고의 지평을 넓

혀야 합니다. 생활 속에서 맞닥뜨리는 크고 작은 모든 일에 깊은 사고를 하다 보면 가장 먼저 발견하는 것이 세상과 자기 자신에 대한 무지입니다. 이럴 때는 그것을 인정하는 게 필요합니다. 내가 얼마나 무지한가를 깨닫는 것이 앎으로 가는 첫 발걸음이고 이 걸음을 떼는 순간 지혜의 빛줄기가 내려옵니다.

델포이 신전에서 세상에서 가장 지혜롭다는 신탁을 받은 소크라테스가 깨달은 것이 '무지無知에 대한 지知'입니다. 무지에 대한 자각이야말로 인문학의 출발선입니다. 공자(孔子 B.C551~B.C479)도 논어 위정편에서 "아는 것을 안다하고, 모르는 것을 모른다고 하는 것 이것이 아는 것이다.(知之爲知之지지위지지 不知爲不知부지위부지 是知也시지야)"라고 얘기했습니다. 태어나면서부터 아는 사람은 없습니다.

사실 지식이라는 것은 알면 알수록 모르는 것이 많아지게 됩니다. 지식의 깊이가 더할수록 단단한 암초에 걸리거나 부딪치고 지식의 넓이가 커질수록 더욱더 큰 무지의 산맥을 만날 수밖에 없습니다. 마치 내가 자라나서 어른이 되면 친구도 더 많이 생기고 경쟁자도 많아지는 것처럼 말입니다. 또 큰 나라일수록 국경을 접한 이웃 나라가 많듯이 말입니다.

때문에 자신이 모른다는 것을 인정한 연후 동서고금의 책을 읽고 힘써서 생각해나가야 비로소 지혜의 바다에 다다를 수 있습니다. 결국 자신이 세계와 사람에 대해서 경험한 것을 포함한 지식이라는 것도 자신이 모른다는 것을 아는 것에서부터 출발하게 되는 것이죠. 따라서 자신이 모른다는 것을 아는 자가 세상에서 가장 지혜로운 인간이란 것입니다.

흔히 '생각하는 학문'을 얘기하면 철학을 떠올립니다. 다른 모든 학문의 기초도 생각에서 출발합니다. 하지만 철학이야말로 생각의 뿌리와 같습니다. 생각의 깊이는 마치 나무의 뿌리와 같습니다. 나무의 뿌리가 깊이 박혀 있어야 줄기가 튼튼하고 꽃과 열매가 무성하듯이 말입니다. 뿌리는 어둡고 암울한 땅속 깊숙이 박혀 바위를 만나기도 하고 수맥을 지나기도 합니다. 하지만 뿌리는 어떠한 고통도 피하지 않으며, 멈추지도 않으며, 어두운 땅속에서 자신 있게 뻗어갑니다. 그러한 뿌리의 고통이 없다면 줄기의 튼튼함과 꽃의 화려함 그리고 열매의 결실은 있을 수 없습니다. 마찬가지로 철학 역시 깊이나 방법으로나 어렵습니다.

그래서 철학을 고뇌의 학문이라고 이야기합니다. 요즈음 "꽃길만 걸어라"라는 말들을 자주 하는데 이해는 되지만 참 위험한 말입니다. 누군가의 삶에 기쁨과 즐거움만 가득하다면 그 사람은 고뇌하지 않을 것입니다. 고뇌와 번민이 없다면 생각하는 삶을 살 수 없습니다.

사람을 포함한 생명체 모두는 태어나면서부터 생로병사의 명에로부터 자유로울 수 없습니다. 죽음으로 달려가는 인생의 과정에서 고통과 번뇌가 없다는 것은 생각하지 않는 삶입니다. 누구든 오로지 꽃길만 걸을 수는 없습니다. 한 번도 실패해보지 않은 사람, 한 번도 상처받지 않은 사람이 어디 있겠습니까. 돌부리에 걸려 넘어지기도 하고 사랑 때문에 가슴 아프기도 하며 권력이나 명예 그리고 재산이나 돈 따위 때문에 좌절하기도 합니다.

물론 사람이 사랑과 권력 등에 대한 욕망이 없다면 그 사람은 도인이거나 바보일 가능성이 큽니다. 사랑하고 먹고 살아가려는 욕구는 세속적으로 보이지만 누구도 탓할 수 없는 생명의 본성이기 때문입니다. 예기禮記 예운禮運편에 나오는 '음식남녀인지대욕존언飮食男女人之大慾存焉'이라는 공자의 말처럼 먹고 마시고 남녀가 사랑하는 것이야말로 인간의 가장 큰 욕구이자 기본적인 본성입니다. 이미 2500년 전에 인간의 본성과 욕구를 '음식남녀'라는 단 네 자로 표현했다는 사실 자체만으로 가지고도 엄청난 내공을 알 수 있습니다. 인간의 본성이자 사람이 살아가는 이유이기도 한 음식남녀가 안정적으로 보장되고 왜곡되지 않게 표현되는 시대가 유토피아인지도 모르겠습니다.

또한 자유롭고 싶고 자아를 실현하고 싶은 바람도 따지고 보면 높은 차원의 욕망이라 할 수 있습니다. 그러나 사람이 태어나 배워가며 사랑하는 과정에서 욕구와 본능만으로 살기는 어렵습니다. 왜? 어떻게? 무엇을? 이러한 물음들이 매 순간 자신에게 질문을 하기 때문입니다. 우리는 이러한 질문에 정답과 해답은 없을지라도 자기만의 철학을 가져야 합니다.

그것이 어렵게 말하는 인생관이고 세계관 같은 것일 겁니다. 자기와 세계에 대한 질문을 던지고 그 물음에 자신만의 독특한 답을 찾아가는 여행에 인생의 참맛이 있을 수 있습니다. 더 이상 철학을 철학자의 손에 맡기지 않고 자기만의 철학을 가지고 살아가는 것은 어려운 일이 아닙니다. 자기 운명의 주인이 자기 자신이어야 하듯 자기의 철학도 자기의 인생도 자기 자신이 만들어 가야 하기 때문입니다.

우리가 살아가는 세계와 우리의 삶이 기쁨과 즐거움보다는 고뇌와 고통이 많을지라도 그 치열한 도전에 맞서 자신을 이해하고 세상을 인식하는 것을 멈출 수 없습니다. 매 순간 사랑의 힘으로 견뎌내고 생각의 근육으로 버텨 가야 합니다.

철학의 어원은 지혜Philo와 사랑sophy이 결합 된 말로 지혜에 대한 사랑이 철학Philosophy입니다. 세계와 사람에 대해서 고민하고 사랑하는 것을 사유하고 실천하는 것이 철학 하는 것입니다. 보다 분명하게 얘기하면 철학이라는 것은 마르크스(Karl Marx, 1818~1883)의 말처럼 세상을 해석하는 것이 아니라 세상을 변혁하는 것입니다. 세상을 변혁하려면 자신이 철학으로 무장되어 있어야 가능한데 나와 세계에 대한 무한한 사랑과 그 사랑을 방해하는 각종 모순에 대한 증오가 있어야 합니다. 니체의 말대로 '철학은 망치로 하는 것'인가 봅니다. 기성의 모든 낡은 관념과 제도를 망치로 깨부수는 마음으로 하나하나 실천해 가는 삶 그것이 생각하는 삶이고 철학 하는 삶이라 할 수 있습니다.

세계에 대한 통찰의 학문이자 인간에 대한 사랑의 학문인 철학을 통해 지식에 대한 환상과 확신을 깨야 합니다. 지식의 가장 큰 적이야말로 무지가 아닌 지식에 대한 확신과 환상이기 때문입니다.

지식은 늘 상대적이고, 가치와 문화 사회적 배경과 상황에 따라서 가변적입니다. 뉴턴(Isaac Newton, 1642~1727)의 고전물리학 시대와 아인슈타인(Albert Einstein, 1879~1955)의 상대성 이론의 시대는 사실도 진실도 그리고 그에 따른 결과도 절대 같을 수 없습니다. 고전물리학은 절대시간과 절대공간에서 독립적으로 물리법칙이 작용하는 것으로 보았습니다. 하지만 고전물리학은 시간과 공간도 상대적이고 관찰자의 입장에 따라 달라진다는 상대성이론과 이후 나온 양자역학에 의해 종말을 고했습니다. 지식이란 것도 이와 같이 절대적일 수 없습니다.

지식은 또한 쌓으면 쌓을수록 커지기도 하지만 지식의 저주에 갇혀서, 어떤 때는 자신이 쌓아 올린 성과 우물에서 벗어나기 힘들 때가 많습니다. 학습을 통해서 부단한 생각을 통해서 사람과 세상에 대한 지평을 넓혀가는 일은 매우 중요한 일이지만, 배우고 나서는 놓아버리거나 잊어버리는 삶이 행복한 삶일 수도 있습니다. 마치 바둑을 배울 때 공식과도 같은 정석을 배운 후에는 정석을 잊어버려야만 상황에 맞게 바둑을 잘 둘 수 있게 되고, 이것이 고수로 가는 길인 것처럼 말입니다.

지식에 대한 것만이 아닌 생활과 세계에 대한 인간의 가장 대표적인 편견 두 가지는 나이와 성별에 관한 것입니다. 나이가 어리거나 젊다는 이유로 혹은 여성이라는 이유로 아무리 옳은 세계적 이론을 제시하고 논리를 편다고 할지라도 무시당하는 경우가 종종 있습니다. 나이와 성에 대한 편견은 조금씩 극복되고 있지만 여전히 뿌리 깊게 남아있습니다. 특히 성차별은 많이 종교와 관습 그리고 문화적 요인 때문에 아주 오랜 시간이 흘러야만 해결될 수 있는 영원한 인류의 숙제입니다.

우리 사회에는 자신이 알고 있는 얄팍한 지식과 경험으로 세상과 인간에 대해 재단하는 경우가 얼마나 많습니까. 자신의 지식과 경험의 틀을 깰 때 비로소 더 큰 세계와 소통할 수 있고 더 많은 사람의 온기를 느낄 수 있을 것입니다.
천재나 영웅 한 명이 만든 세계와 그가 경험한 세계가 아무리 크고 위대할지라도 평범한 시민 백 명 천명이 느끼고 살아온 삶보다 나을 수는 없습니다. 바보 세 명의 지혜가 문수보살의 지혜보다 낫다는 말처럼 이것이야말로 집단지성의 힘이기도 합니다.

그래서 지식을 넘어선 지혜로운 삶 그리고 사람과 세계에 대한 사랑의 마음을 깨닫고 신념화하는 작업이 중요하고 이것이 생각하는 삶이자 철학 하는 즐거움이랄 수 있습니다.

현실을 자각하고 오늘에 뿌리를 내리는 삶

아무리 아름다운 꽃도 허공에서 필수 없습니다. 개인이 아무리 뛰어날지라도 현실을 떠나서는 살 수 없는 게 인간입니다. 인간人間이라는 한자를 보면 사람인人에 사이간間으로 사람과 사람 사이에 존재한다는 뜻입니다. 사람과 사람이라는 관계를 떠나서 사람은 존재할 수 없다는 얘기입니다. 나 자신을 발견하려면 사람과의 관계를 통해서 가능합니다. 앞장에서도 말한 것처럼 사람은 누군가를 사랑하게 되면 그 사람의 눈동자를 보는데 그 눈동자 속에 있는 자신을 찾기 위함입니다. 자기라는 사람은 바로 자기를 바라보는 사람의 눈동자 속에서만 또 그 관계 속에서만 확인할 수밖에 없는 것처럼 사람 사이를 떠나서 나는 존재할 수 없으며 더 나아가서 양자역학적으로 본다면 아예 존재하지 않습니다.

소설 속의 로빈슨 크루소는 현실에는 없습니다. 사실 로빈슨 크루소도 프라이데이라는 노예가 없었다면 무인도에서의 그의 삶은 삶이라고 하기가 어려울 겁니다. 사람이 사람을 떠나 존재할 수 없기 때문에 밉든 곱든 사람과의 관계를 맺어가면서 하루하루를 살아갑니다. 사람과의 관계를 맺고 있는 것이 삶인데 삶은 세계를 통해서 구현됩니다. 내가 지금 딛고 있는 현재가 세계이고 나와 사람과의 관계도 세계가 품고 있습니다. 사람과의 관계와 현재의 삶의 근거인 세계에 뿌리내리는 일이 현실을 살아가는 삶입니다. 때로는 치열하게 때로는 루즈하게 살아가기도 합니다. 욕망과 유혹의 덫에서 허우적거리기도 하고 호연한 기상으로 내 안의 평화를 찾아가기도 합니다.

현실에 뿌리내리는 삶은 천태만상입니다. 출신도 직업도 꿈도 신앙도 다양하기에 삶도 각기 다 다릅니다. 다 다르게 살아가지만 공통의 분모는 대한민국이라는 한 하늘 아래서 산다는 것이고 같은 국가의 시민으로서 권리와 의무를 지니며 삽니다.

하지만 대한민국의 현실은 평범한 시민들이 평범하게 사는 것을 불용합니다. 과거는 늘 불만족스러웠고 현재는 불안합니다. 오늘과 현재의 불안은 영혼을 병들게 만들어 미래에 대한 꿈과 희망조차 앗아가고 있습니다. 말로만 '사람 중심'과 '사람이 먼저다'라고 우기는 시장(자본)과 권력이 모든 것을 지배하기 때문입니다. 시장과 권력의 강자들이 만들어 놓은 거대한 사슬과 그물에서 우리의 마음은 욕망과 유혹의 도가니에서 발버둥 치고 있을 뿐입니다.

자본은 삶을 기만하고 권력은 현실을 위선적으로 대변합니다. 자본과 권력의 논리로 내 편과 네 편으로 편을 가르고 개인을 단절과 고립으로 파편화시킵니다. 사람은 소외되고 개인은 울증과 조증을 부침하고 자신의 삶과 자신 곁의 가장 가까운 삶마저 세상 끝으로까지 몰아세웁니다.

이런 사회에서 자신의 신념과 가치를 지키면서 자신만의 방식으로 살아간다는 것은 어쩌면 정글에서의 삶보다 힘겹기까지합니다. 대한민국의 이러한 현실을 제대로 된 시각으로 봐야하고 제대로 된 진단과 방법으로 대응을 해야 현실에 뿌리를 내릴 수 있습니다.

부처는 "가난의 고통은 죽음보다도 크다"라고 말했습니다. 가계부채가 1,700조 원이 넘었습니다. 가난이 개인의 일인가요? 개인이 무책임하고 게을러서 가난해지고 빚을 지게 된 것일까요? 정말 '노력'의 부족 때문일까요? 열심히 일할수록 가난해지는 현상은 어떻게 설명할 수 있을까요?

가난은 나라님도 구제할 수 없다는 생각은 구시대적 사고입니다. 수백조의 국민 세금과 연금으로 운영되는 연기금 자본주의 국가이자, 요람에서 무덤까지를 외치는 복지국가에서 가난을 개인 탓으로 돌리는 것은 정부의 무능만을 대변할 뿐입니다. 개인 부채나 가계부채라는 것도 사실 정부가 생존의 최소 문제를 보장해 주지 못해서 국민 스스로가 대비책을 만드는 과정에서 생긴 현상이라는 주장에 동의할 수밖에 없습니다. 또 선거 때에만 유행하는 기본소득제는 왜 도입할 수 없는 걸까요?

GDP 3만 달러를 달성한 지금 우리의 미래인 청년세대가 연애와 결혼 그리고 직장을 포기한다는 3포세대로 또 n포세대라는 나락으로 떨어지고 있는 현실 그리고 OECD 최고의 노인 빈곤율과 최고의 자살률은 참담함 그 자체입니다.

정치, 경제, 사회, 문화 전반에 걸친 적폐 때문이기도 하지만 적폐만으로 설명하기 어려운 난마 같은 문제들로 얽혀있습니다. 사실 우리가 살아가고 있는 대한민국은 전 세계 200여 개 나라 가운데 영향력이 10위권에 있는 상위 5% 이내의 나라입니다.

정치외교력, 경제력 등에서 이미 개도국 수준을 벗어났고 선진국 대열에 진입했다고 봐도 무방합니다.

OECD 가입국 가운데에서도 각종 통계나 지수가 상위권으로 좋은 편입니다. 최근 전 세계를 충격과 공포로 몰아넣은 코로나19 바이러스에 대한 K방역 하나만 봐도 시민과 정부의 성숙도가 선진국에서도 따라 배울 만큼 선진적이라 할 것입니다.

그러나 각종 통계와 지수가 선진적이지만 불행하게도 행복도幸福度는 후진성을 벗어나지 못하고 있습니다. 산업화 민주화 과정을 거치면서 먹고는 살게 되었지만 삶의 질과 행복도는 그다지 높아지지 않았기 때문입니다.

저는 젊은이들 사이에서 나오는 헬조선 흙수저 등 탄식의 말을 들으면 기성세대로서 무한한 책임감과 부끄러움을 금할 수 없습니다. 한국 사회는 산업화 세력과 민주화 세력이라는 양대 기득권 집단이 사회를 이끌고 있지만 양대 세력의 무비전과 도덕적 해이 등의 문제로 젊은이들에게 희망을 주지 못하고 있습니다.

사회적 양극화와 천민자본주의의 병폐를 극복하지 못한다면 대한민국의 미래는 난망합니다. 세계로 열린 개방성과 좌우를 넘어서는 통합의 정신으로 대한민국호를 이끌어야 합니다. 경제 정책도 성장과 분배의 선순환에 맞춰 패러다임을 바꿔야 젊은이들에게 조금이라도 희망을 줄 수 있는 사회가 될 수 있습니다.

암담한 현실 때문에 안정된 취업이나 하자는 마음으로 80만 명에 달하는 젊은이들이 공무원 시험으로 몰리고 있습니다. '기승전 공무원'이라는 왜곡된 현상은 씁쓸하기만 합니다. 이 시대의 젊은이들은 우리 사회에 아직도 대학 서열화나 학벌이라는 전근대적 찌꺼기가 남아있기 때문에 10대에는 '수능의 수능에 의한 수능을 위한' 불행한 길을 살아왔습니다. 20대에는 '공무원의 공무원에 의한 공무원을 위한' 길이 천국으로 가는 열차인 줄 알고 몰려들고 있습니다. 기성세대로서 부끄럽고 참으로 안타깝기만 합니다.

당찬 포부와 고매한 기상으로 나라와 사회를 이끌어갈 유능한 인재들이 인류의 진보를 위한 학문과 과학을 선택하기보다는 취업에 혈안이 되어있습니다.

부모들은 아이들을 위한답시고 열 살도 되지 않은 어린아이에게 스펙 관리니 선행학습이니 하면서 엄청난 돈을 사교육에 쏟아붓습니다. 사교육과 학원에 쓰는 돈이 교육에 대한 투자로 자식에 대한 사랑으로 잘못 이해하는 것이죠. 우리와 같은 부모 세대는 보통 교육을 통해 직업인 또는 기술자가 되는 훈련을 받았고, 등수를 가리기 위한 시험과 입시라는 무한 경쟁에 내몰려져 지금에 이르렀습니다. 우리 기성세대의 과거에 대한 불만과 미래에 대한 불안이 자녀에 대한 교육투자라는 왜곡된 현상으로 나타난 것이 사교육인데, 이러한 사교육이 결국 자녀를 창의력 없는 아이로 키우는 아이러니를 반복하고 있습니다.

하지만 세계의 리더들은 어릴 적부터 인문고전을 배우면서 인성과 창의력을 키웠기에 과학 기술과 인문 분야에서 혁혁한 성과를 만들어 냈습니다. 이들은 인문고전을 통해 사람에 대해서 알아가고, 새로운 시각으로 사물을 관찰하거나 여행을 통해 견문을 넓혀 세계를 이해했습니다.

IBM의 빌 게이츠, 페이스북의 마크 저커버그 등은 10대 시절 아이비리그에서부터 인문학 공부를 게을리하지 않았고 스티브 잡스는 아날로그적 감성에 디지털 기술을 융합하는 상상력을 키웠습니다. 잡스는 첨단의 기술에 자유와 교양이라는 인문정신을 녹여내어 스마트폰을 만들었습니다. 이들 IT계의 기린아들의 탄생 배경에는 이처럼 인문정신이 기본으로 있었습니다.

요즘 많은 학생들이 좋은 대학을 나와 좋은 직장에 취업해서 잘 사는 것이 꿈이라고들 얘기합니다. 그런데 이런 게 과연 소망이고 꿈일 수 있을까요. 물론 자신이 좋아하고 자신이 이루고 싶은 욕구가 공무원이든 기업이든 취업을 통해서 이룰 수 있는 것이라면 다행이겠지만 과연 그럴까요. 물론 자신이 잘하고, 자신이 원하고, 다른 사람과 사회에 기여할 수 있다면 그것은 꿈일 수 있습니다. 그러나 직업이나 일이라는 것이 끼니를 걱정하는 전쟁 같은 노동이어서도 안 되지만 시계추처럼 미래비전 없이 늘 어제와 같은 오늘이 반복되는 삶이라면 차라리 악몽이 아닐까요. 자신의 가슴을 뛰게 하는 일, 인류의 진보 또는 사회적 가치를 실현하는 일이 월급쟁이로 남의 밑에서 30~40년을 일하는 것이라면 이것은 심하게 말하면 노예의 꿈, 종놈의 꿈이 아닐까요. 5일간을 남의 밑에서 노예처럼 일하다가 다시 노예처럼 일하기 위해서 2일을 쉬는 삶…. 현대판 시지프스의 안타까운 삶이 아닐 수 없습니다.

누군가와 비교하는 것이 교육이든 생활이든 가장 기분 나쁜 예이고 옳지도 않은 것이겠지만 현재 사회와 나라와 이끌어가는 수많은 리더들의 모습은 어떻습니까. 우리 민족보다 인구도 적고 땅도 적고 IQ도 아래인 유대인들은 어떻게 살아갑니까. 유대인들은 세계 인구의 480분의 1밖에 되지 않지만 세계 경제를 좌지우지하고 노벨상의 4분의 1을 휩쓸었습니다. 유대인들은 학교에서 질문하는 방법을 배우고 가르칩니다. 유대인들이 이러한 성과를 낼 수 있었던 배경에는 질문하는 습관이 있었습니다. 그들은 더 나은 질문을 통해 더 좋은 삶을 영위합니다.

세계의 리더들은 어릴 적부터 인문고전을 읽습니다. 보통의 교육을 통한 직업인을 양성하는 교육과 기술의 연마보다 '나는 누구이고 어떻게 살 것인가'를 화두로 삼고 인문고전을 공부하며 사람과 세계에 대해 깊이 탐구합니다. 독특하게 상상하고 다르게 생각하지요. 최선을 다해서 삶을 살아가고 인류의 진보를 위해 시간을 투자합니다. 위대한 일을 꿈꾸는 사람만이 위인이 될 수 있음을 알고 있는 것이죠. 먹고사는 문제가 가장 시급한 문제라면 아이들이 취업해서 남의 밑에서 일을 하든 장사를 하든 어쩔 수 없는 선택일 수도 있을 것입니다.

하지만 지금 우리 사회는 절대빈곤에서는 벗어나 있는 사회이고 대한민국의 아이들은 참으로 우수합니다. IQ는 세계 1~2위를 다투고 수학 올림피아드 대회를 휩쓸고 있습니다. 좋은 쇠를 가지고 못이나 나사 따위를 만드는 것은 낭비입니다. 우수한 아이들이 세계적인 무대에서 개방적이고 통합적인 인재로 커나가게 하기 위해서는 취업 중심의 보통 교육에서 벗어나는 것이 출발이 될 것입니다. 물론 사람은 현실을 인식하고 인정해야 합니다. 그러나 체 게바라가 "리얼리스트가 돼라. 그러나 이룰 수 없는 이상은 반드시 하나씩 가져라."라고 한 말을 기억할 필요가 있습니다. 탁월한 삶은 아닐지라도 현실과 이상과의 간극을 좁혀가고자 노력하는 삶이 한 번뿐인 삶을 후회 없이 살 수 있는 사람다움의 삶입니다.

일과 교육문제로 얘기가 길어졌습니다.
이제 우리나라의 현실에 대해 잠시 얘기해 보겠습니다. 그 나라의 민주주의의 수준은 그 나라 국민의 수준을 넘어설 수 없습니다. 민주 시민으로서 교양과 상식은 기본이고 참여를 통해 민주적 시민의 삶을 실현해야 입니다. 플라톤은 '정치를 외면한 대가는 가장 저질스러운 인간들에게 지배당하는 것'이라고 말했습니다. 국민이 정치를 정당과 정치인에게만 맡기고 관심을 두지 않았기 때문에 저질스런 최 모 씨 같은 사람이 국정을 농단할 수 있었던 거지요.

대한민국은 불행했던 식민통치의 치욕적 경험과 분단과 동족상잔의 전쟁이라는 전대미문의 고통을 딛고 기적같이 일어났습니다. 최근에는 5030클럽(인구 5천만 명, GDP 3만 불 이상이 되는 나라)에 가입하는 등 각종 경제적 통계와 지표를 보면 거의 선진국 문턱에 와 있습니다.

그런데 삶은 선진적인가 되묻지 않을 수 없습니다. 우리 사회가 선진 일류 국가로 나아가기 위해서는 여러 가지 해결해야할 일들이 많습니다. 정치 경제 사회 문화 도처에서 적폐를 청산하는 것은 중요한 과제인 것만은 사실입니다. 그러나 적폐만을 청산한다고 해서 진정한 선진국이 될 수는 없습니다. 적폐 청산이나 법과 제도 개선은 선진국으로 가는 정량적 표준은 될수 있겠지만 진정한 선진 국가가 되려면 국민이 선진국민의 의식을 갖추어야 가능합니다. 적폐 청산이나 법과 제도 개선보다더 중요한 것이 의식개혁입니다. 법과 제도보다 덜떨어진 시민의식으로는 선진국민이 될 수 없습니다. 의식이 변화해야만 문명도 밝아지고 문화가 창궐할 수 있습니다. 그래서 우리 사회의 가장 어렵고 가장 중요한 과제가 의식개혁입니다. 정말로변變하지 않으면 변便이 됩니다.

국민 개개인이 민주시민으로 거듭나야 더 이상의 적폐가 만들어지지 않습니다. 정의가 강물처럼 흐르는 사회, 타자를 배려하고 곁의 사람들을 통해 행복과 자유가 충만한 사회가 되려면자유지성과 인문학적 소양을 갖춘 인성 좋은 사람들이 사회의 다수가 되어야 합니다. 그래야 비가역非可易적인 현실을 만들 수 있고 우리 사회의 미래비전을 준비할 수 있습니다.

거의 모든 사람은 10대 중후반에서 20대 초중반까지에 걸쳐 만들어진 인생관과 세계관-철학-으로 평생을 살아갑니다. 그래서 사람은 잘 바뀌지 않는다고들 말하기도 하고 '세 살 버릇 여든 간다'고하기도 합니다. 사람이 바뀌려면 생각이 바뀌어야 하고 생각이 바뀌면 생활과 습관이 바뀝니다. 생활과 습관이 바뀌면 태도와 자세가 바뀌는데 태도와 자세가 바뀌면 인생관과 세계관 즉 삶의 철학이 바뀌게 되는 것이죠.

그러면 자연스럽게 지금까지 살아온 삶에 대해서 긍정-사실과 있는 그대로 바라봄-하게 되는 것이죠. 삶을 세계를 '있는 그대로' 바라본다면 쓰고 아픈 고통이나 불행조차 인생이라는 긴 터널을 지나가는 여정의 과정으로 이해할 수 있게 됩니다.

창조적으로 살다가 아름답게 죽는 것은 거의 모든 인간의 로망 입니다. 유한한 삶이지만 지적으로 죽음의 이유를 아는 유일한 생명체인 인간만이 가질 수 있는 삶과 죽음에 대한 잣대이기도 합니다. 현실을 자각하고 오늘에 뿌리내리는 삶에서 창조적인 삶과 아름다운 죽음을 맞이할 수 있습니다.

삶을 세계를 '있는 그대로' 바라본다면

쓰고 아픈 고통이나 불행조차 인생이라는 긴 터널을 지나가는

여정의 과정으로 이해할 수 있게 됩니다.

2장.
나는 누구인가

인생의 목적은 인생입니다. 오직 사는 겁니다. 말장난처럼 허무한 대답입니다. 허나 인생에서 그 어떠한 것도 목숨보다 소중한 것은 없기 때문에 인생의 목적은 인생입니다. 아무리 큰 돈이나 권력을 위해서 살아가는 삶이라 할지라도 그것을 위해 목숨을 버릴 수 있는가를 묻는다면 선뜻 답하기가 어렵습니다. 천만금을 준다고 해도 사람은 자신의 목숨과 바꾸지 않습니다. 돈을 생명처럼 귀하게 생각하면서 살아온 삶일지라도 죽음을 앞에 두고 생각해본다면 헛된 꿈이 아닐 수 없습니다. 그러나 우리는 현실에 살면서 돈이나 명예 성공 따위를 가장 귀한 가치 중의 하나로 생각하면서 가짜 꿈을 꿉니다. 가짜인 꿈을 위해 진짜인 자기의 삶을 허비하고 진정으로 소중한 가치들을 죽여 가며 살아갑니다.

삶에서 가장 소중한 자기 자신의 가치를 발견하기 위해서는 죽음 앞에서 더욱 하고 싶은 일을 하고 추구하고 싶은 가치를 지켜가는 것입니다. 거의 많은 사람들이 죽음 앞에서는 솔직해지고 숙연해집니다. 죽음을 앞두고 생각해보면 내가 지금 하는 일들이 얼마나 소중한 것인지 헛된 일인지 쉽게 판단이 됩니다. 내가 몇 개월밖에 살지 못한다면 아니 일주일밖에 살지 못한다면 지금 하고 있는 일을 죽어라 할 것인지 아니면 지금 당장 가장 소중한 그 무언가를 할 것인지 판단할 수 있을 것입니다. 죽음을 코앞에 둔 사람이라면 자신의 삶은 물론이고 사랑하는 사람들이 더욱 사랑스러울 것이고 행복했던 순간들이 더욱 그리워질 것입니다. 미워하는 마음이나 서운했던 감정들도 죽음을 앞둔 시점이라면 이해와 용서가 가능할 것입니다.

인생은 유한하기 때문에 아름답습니다. 삶이 한계 지어져 있기 때문에 최선의 삶을 살 수 있습니다. 그렇기에 죽음 앞에서 하는 다짐들이야말로 욕망이 아닌 소망이 됩니다. 나를 알아가는 과정은 나의 유한함을 인정하는 가운데 나의 소중함을 깨닫는 과정입니다. 내가 얼마나 소중한 존재이고 내가 얼마나 어렵게 이 세상에 태어났는지를 안다면 삶을 대충 살아가지 않을 것입니다. 삶과 죽음의 의미를 아는 유일한 존재인 인간이 어떻게 태어났고 어떻게 진화해 왔고 어떻게 역사를 이뤄왔는지를 아는 여행이 2장 나는 누구인가 편입니다. 이번 생은 최소한 내가 누구인가는 알고 떠나는 여행이 되길 소망합니다.

Star of the star

우주의 기본 단위는 은하입니다. 사람의 기본 단위가 몸통이듯 우주의 기본 단위는 은하라는 건데 은하는 지금도 계속 발견되고 있습니다. 우리가 볼 수 없었던 은하가 망원경의 성능이 높아지고 망원경을 탑재한 위성이 더 먼 우주로 날아가고 관측함에 따라 계속 은하가 발견되기 때문입니다.

세계는 크게 거시세계와 미시세계로 나눠볼 수 있는데 거시세계는 우주의 은하, 별, 행성 등으로 이뤄져 있고 미시세계는 눈으로 관측할 수 없지만 분명하게 존재하는 원자와 전자, 양성자 중성자 쿼크로 이뤄진 작은 세계입니다. 예전에 히트했던 '맨 인 블랙'이라는 영화를 보면 고양이의 목걸이에 하나의 은하가 있습니다. 크기는 중요하지 않다는 것을 상징하는데 미시세계와 거시세계가 다르지 않음을 보여줍니다.

빅뱅 이후 물질의 기본 단위인 수소나 헬륨 등 원자가 만들어졌습니다. 그리고 이후 별들이 만들어지고 별들이 초신성으로 폭발하면서 금속 같은 물질과 수많은 원자들이 탄생합니다. 그 별들의 티끌들이 수십억 년의 시간을 걸치면서 생명체를 만들어 냈고 비로소 인간이 태어났습니다. 칼 세이건(Carl Edward Sagan, 1934~1996)의 말처럼 '우리 인간은 모두 별빛을 쏟아 냈던 별 가루로 만들어진 단일 종족'입니다.

우리가 물리학을 처음 공부하면서 배우는 것이 질량보존의 법칙인데 말 그대로 질량 자체는 영원히 사라지지 않고 계속 남아서 재활용되고 있다는 것입니다. 빅뱅 초기에 만들어진 원자와 별의 폭발로 가속화된 원자들이 지금의 생명을 만들어 낸 것이라고 볼 수 있습니다.

모든 생명은 세포로 이뤄집니다. 세포는 분자로 구성되고, 분자는 원자로 원자는 원자핵과 전자로 구성됩니다. 전자는 쪼갤수 없으나 원자핵은 양성자와 중성자로 이뤄져 있어서 쪼갤 수 있습니다. 또 이 기본 물질인 중성자는 쿼크로 이뤄져 있고 쿼크는 대칭적으로 짝을 이뤄서 분포합니다. 이런 미시세계를 보면 정말이지 존재하지 않을 것 같은 것들이 엄청나게 작은 크기로 존재하고 있음을 알 수 있습니다.

우리가 살고 있는 세계 즉 우주는 이렇듯 은하와 항성이라는 무변광대한 거시세계와 겨자씨의 억만 분의 1도 안되는 미시세계로 이뤄져 있습니다. 그 가운데 내가 존재하는데 정말 신기한 일이 아닐 수 없습니다.

내가 얼마나 중요한지 나는 얼마나 경이로운 존재인가를 안다는 것은 매우 중요합니다. 종교나 신앙의 유무, 학식과 재산, 인종과 성별 등을 떠나 인간이라는 종으로 태어난 것 자체가 경이로운 일입니다. 과학자들이 우주라는 공간에서 사람으로 태어날 확률을 수학적으로 계산했는데 10에 400승 분의 1이라는 계산을 했다고 합니다. 물론 평행우주나 다중우주론까지를 모두 수학적 연산에 포함했으니 사람이 태어날 확률은 바닷가의 모래알보다 크고 많은 확률입니다.

좁혀서 얘기해도 아버지의 정자와 어머니의 난자가 결합해서 내가 태어날 확률도 2~3억에서 수천만 분의 1인데 이는 로또 당첨 확률인 814만 분의 1보다 훨씬 높습니다. 불교식으로 표현한다면 수 억겁의 인연과 인연의 결과로서 인간으로 태어난 다는 뜻입니다. 어쩌다 태어난 인간은 우연이지만 아주 드라마틱하고 운명적으로 인간은 태어나는 것입니다. 이 무한 광활한 우주에서 인간으로 태어난 것은 우연과 우연의 일치 일지라도 그냥 만만한 우연이 아닙니다. 사람으로 태어난 확률 자체만으로도 우리는 이미 성공한 생명이고 기적적인 일입니다.

자연계 즉 산과 들 바다에는 수많은 식물 동물 등 생명과 돌과 바위와 같은 무생물이 함께 공존하지요. 조금만 깊이 관찰해보면 수많은 꽃과 나뭇잎 가운데 똑같은 꽃잎이 똑같은 나뭇잎이 한 개라도 있을까요. 들판의 돌멩이 하나도 그 생김이 다 다릅니다. 모두가 자기만의 무늬를 가지고 자기만의 개성을 갖고 있습니다. 사람도 그러합니다. 지구별 대한민국에 살아가고 있는 김 씨 이 씨 박 씨 가운데 나 자신과 똑같은 사람은 단 한 명도 없습니다.

우리 지구별에는 74억 명의 인간이 살고 대한민국에만 5천만 명이 살아갑니다. 나는 74억 명 가운데 한 명이지만 나와 똑같은 사람은 전 세계 아니 전 우주적으로 하나도 없습니다. 그만큼 희귀하고도 소중한 존재라는 것이죠.

게다가 우리는 빅뱅(Big bang)의 아들이니 별들과 형제입니다. 가깝게는 지구별에서 생명이 탄생한 38억 년의 역사를 온몸에 문신처럼 세기고 태어났습니다.

우리가 초등학교나 중학교 시절 생물학에서 배운 인간의 정자와 난자 그리고 배아시기와 태아의 사진들을 보면 분명해집니다. 정자와 난자라는 단세포 생명에서 출발하여 어류의 단계 파충류의 단계 그리고 포유류로의 단계로 진화하는 과정을 보면 분명해집니다.

이러한 과정을 거치면서 우리는 결국 인간으로 태어납니다. 잘났건 못났건 우리는 빅뱅과 지구 생명 출현 이후 38억 년간의 진화 과정을 고스란히 DNA(유전자)에 담고 태어납니다. 이렇게 탄생한 인간은 한 생명 한 생명 그 자체로 경이적인 존재이자 우주의 모든 티끌을 고스란히 품고 있는 위대한 결과물입니다.

1859년 종의 기원을 쓴 찰스 다윈(Charles Darwin, 1809~1882)은 진화의 첫 출발은 하나로부터 시작했다고 추론해냈습니다. 당시 과학으로서는 DNA나 RNA의 존재도 알 수 없는 상황이었지만 다윈은 순전히 깊은 통찰洞察을 통해서 모든 생명의 시작이 하나로부터 출발해서 진화했음을 이해한 것이죠. 생물학적 진화로 볼 때 모든 생명이 하나로부터 출발해서 태어났다면 우리 모두는 같은 뿌리에서 나온 하나의 거대한 유기체가 되는 것입니다.

따라서 애초부터 우리 모두-식물이든 동물이든-는 한 생명이고 한마음입니다. 때문에 내가 살아가는 것도 거대한 생명체의 하나로서 살아가는 것이고 내가 죽는 것도 결국 하나로 돌아가는 것입니다. 결국 우리 인간은 모두가 빛의 존재일 뿐 사라지는 것은 아무것도 없습니다.

인간은 자신과 자신이 살아가는 세계에 대한 끊임없는 앎을 추구해왔습니다. 단순한 호기심을 넘어 존재와 관계로 향한 끊임없는 질문과 도전을 통해 자신만의 답을 찾아온 것입니다.

많은 사람들이 하늘의 별보다는 땅을 보며 살아갑니다. 땅을 바라보는 삶은 지극히 평범하고 현실 지향적인 삶이지만 가끔씩 별이 총총한 밤하늘을 바라보는 것은 인간만이 누릴 수 있는 감동이자 동경을 향한 삶이죠.

하늘과 별을 바라보는 일이 당장의 이익은 없을 수 있지만 자신 안에서 내적으로 충만해지는 지혜로운 삶의 출발이 아닐 수 없습니다. 사람으로서의 매력과 최고의 아름다움을 추구하는 인간이 놓치지 말고 해야 할 일은 하루에 1분씩만이라도 밤하늘의 별을 바라보는 일이라고 생각합니다.

우리가 눈으로 볼 수 있는 별은 대략 6천 개인데 우리가 살고 있는 북반구에서 볼 수 있는 별은 2천 개쯤 됩니다. 인간을 알기 위해 자신이 살아가고 있는 세상을 이해하기 위해 수만 년 전의 조상들처럼 별이 총총한 밤하늘을 바라보는 것이야말로 삶을 더욱 아름답게 만들어 줄 것입니다. 내가 바로 별과 빛의 아들과 딸이기 때문입니다.

우리의 조상들 동양의 옛사람들은 세상과 사람을 알기 위해 무던히 노력했습니다. 우주의 빅뱅을 알지 못했던 시대였지만 하늘과 땅과 사람 즉 천지인天地人 삼재三才를 세계를 구성하는 기본으로 이해했고 이를 통해 인간의 삶을 이해하려고 노력했습니다. 처음 무극無極에서 시작해 태극太極으로 변화하여 음양의 조화로부터 세상이 만들어졌다고 생각했습니다. 수천 년 전에 빅뱅과 비슷한 이러한 추론을 해내다니 얼마나 대단한 일인가요.

세계를 아주 단순화시켜보면 시간, 공간, 인간으로 구성되어 있습니다. 시간은 하늘(天)이고 공간은 땅(地)이며 인간은 사람(人)입니다. 빅뱅 이전-무극의 시대-에는 시간도 공간도 더욱이 인간도 없던 때인데 이때로부터 지금 인류가 태어난 시점까지 하늘과 땅과 인간을 통해 세계를 알아가려 한 것입니다. 즉 천문天文과 지문地文 인문人文이라는 세상의 얼개를 통해 인간과 세계를 알려고 한 것입니다.

노자는 도덕경에서 '인법지人法地 지법천地法天 천법도天法道 도법자연道法自然'이라고 했습니다. 인간은 땅을 따르고 땅은 하늘을 따르고 하늘은 도를 따르고 도는 자연을 따른다는 얘깁니다. 땅과 하늘 그리고 자연의 이치를 통해서 사람의 길을 찾으려 했습니다. 우리 조상들은 인간의 무늬를 알기 위해서 하늘의 무늬와 땅의 무늬를 통해 인간의 길을 찾았고 사람에 대해 관조했습니다. 자기 자신 즉 인간을 알기 위해 노력한 조상들의 끈기와 지혜에 탄복하지 않을 수 없습니다. 정말이지 인간은 별 중의 별 이자 우주에서 가장 중요한 존재라는 것을 잊어서는 안 될 것입니다.

뇌는 알파고보다 낫다

모든 생명체는 세포를 가지고 존재합니다. 인간도 생명이라 세포로 구성되어 있습니다. 우리는 60조 개에서 100조 개의 세포를 가지고 살아갑니다. 우리 은하의 별 보다 내가 가지고 있는 세포 수가 수천 배 많습니다.

더욱이 내가 사는 이유와 죽음의 의미를 아는 지능을 지닌 유일한 동물인데 그 의식과 지능이 제 기능을 하려면 뇌가 있어야 합니다. 뇌는 어둠 속에 깊이 갇혀있고 스스로의 힘으로는 아무것도 알지 못하지만, 시각, 청각, 후각, 미각, 촉각 등 신체의 감각기관을 통해 의식을 갖습니다.

그렇다면 머릿속 1.4kg밖에 되지 않는 우리 인간의 뇌는 또한 어떻게 구성되어 있을까요. 악어나 뱀 등 파충류의 뇌는 뇌의 줄기라고 할 수 있는 뇌간腦幹이라는 기본적인 뇌밖에 없습니다. 뇌간은 먹고 싸우고 번식하는 등 본능적인 일을 명령하는 것을 담당합니다.

하지만 뇌간은 생명체의 가장 기본적인 힘이자 신념의 원천입니다. 이를테면 살기 위해 꼬리를 잘라내고도 도망치는 도마뱀의

꼬리는 다시 자라납니다. 생명이 명령하는 대로 '살아라! 살아라!'는 것에 충실해서 자기 몸통마저 자르고 살아가는 거지요.

인간도 간혹 생명의 위협을 느끼거나 했을 때 뇌간은 그 진가를 발휘하곤 합니다. 엄마가 자기 자식이 위험해 처했을 때 발휘되는 초능력에 가까운 엄청난 에너지나 파워를 나타내곤 하는 데 이러한 힘은 뇌간에서 나온 것으로 이해하면 됩니다.

파충류보다 한 단계 진일보한 포유류의 뇌는 뇌간에 피질이 하나 더 덧씌워져 있는데 이를 구피질이라고 합니다. 동물은 파충류보다는 전략적이지만 자신이 누구이고 왜 사는지에 대해서까지는 사고를 하지는 못합니다.

그러나 인간의 뇌는 뇌간과 구피질 그리고 구피질 위에 쭈글쭈글하게 덧씌워진 신피질로 구성되어 있습니다. 파충류, 포유류를 거쳐 혹독한 자연을 이기며 스스로 역사를 만들고 진화해 온 인간에게만 주어진 선물입니다.

뇌는 외부기관과 오감을 통해 얻어낸 정보로 생각과 생활 등 사람의 거의 모든 일을 처리해냅니다. 뇌는 1, 000억 개의 신경세포와 1, 000조 개의 시냅스로 구성되어 있습니다. 인간이라는 존재 나 자신 자체는 이토록 엄청난 용량과 거의 무한에 가까운 가능성을 지니고 태어난 것입니다. 인간이 동물과 다른 이유이자 인간을 인간으로 만들어주는 근거 역시 인간만이 이토록 전 우주적인 뇌를 지닌 전무후무한 존재이기 때문입니다. 이토록 강력한 뇌를 갖고 있는 우리가 두려워할 게 무엇이 있을까요.

4차 산업혁명을 논하기 시작한 지금의 시대는 증강현실 시대라고도 부릅니다. 인간의 지닌 한계를 극복하고 상실된 것을 복원해서 인간의 능력을 계속 증강시켜 나가는 시대입니다. 일례로 이가 빠지면 임플란트를 통해 이를 복원하는 것이 그것입니다. 증강현실에서는 손과 발을 잃은 사람들에게 로봇팔과 로봇다리를 장착하기도 합니다. 앞으로는 파킨슨이나 치매 등으로 인해 뇌 기능이 상실되면 '뇌 임플란트'로 치료하는 시기가 올 것입니다,

모든 것이 증강되고 있는 현실에서 우리 거의 모두는 스마트폰을 휴대하고 있습니다. 인간에게는 좌뇌 우뇌가 있습니다. 각기 논리와 감성 영역을 담당하고 있다고 하는데요. 저는 스마트폰이 보편화된 지금 스마트폰을 제3의 뇌인 외뇌外腦라고 불러야 한다고 생각합니다. 사실 스마트폰에 담긴 기록과 기억이야말로 우리가 언제든지 꺼내 볼 수 있는 또 다른 뇌의 존재나

마찬가지라고 봅니다. 사람들은 스마트폰을 잃어버리거나 집에 놓고 출근하기라도 하면 하루 종일 발을 동동 거립니다. 외뇌 스파트폰에 대한 의존성이 커진 탓이자 그것이 증강현실의 또 다른 부정적인 측면이라는 것은 인정하지만 스마트폰이 가져다준 편리와 이기는 부정할 수만은 없을 것입니다.

몇 해 전 이세돌과 알파고와의 세기의 바둑대결이 있었습니다. 그 대결 이후 바둑을 알지 못하던 미국이나 유럽의 지식계에 회자가 되면서 바둑의 세계화에 결정적인 역할을 했다고 합니다. 물론 인간 이세돌이 알파고에게 4대 1대로 완패했지만 인간 한 명과 AI 인공지능의 CPU 1,000대와의 대결이었으니 그다지 슬퍼할 일만도 아니겠지요. 또 설령 알파고가 승리했지만 알파고는 행복했을까요. 천대의 CPU와 싸워 한 번이라도 이긴 인간 이세돌이 행복한 것이 아닐까요. 인간은 과학을 이해하지만 과학은 인간을 이해하지 못합니다.

나를 생각하게 하고 나를 인간으로 만들어주는 뇌야말로 경이로움 그 자체가 아닐 수 없습니다. 게다가 과학기술의 발전으로 덤으로 제3의 뇌마저 생겼으니 말해 무엇하겠습니까. 하지만 인간의 뇌야말로 검색이 아닌 사색을 가능하게 하고 연산이나 계산이 아닌 직관과 통찰을 가지고 있으니 얼마나 대단합니까?

진화의 산물

숫자로만 봐도 이토록 위대한 존재인 인간은 수백만 년의 진화 과정을 통해 지금의 사피엔스로 발전했습니다. 나무에서 내려와 무리를 이뤘으며 불을 사용하고 동굴에서 나왔습니다. 12,000년 전 마지막 빙하기에서 살아남은 수천 명의 인류가 지금 우리의 조상들입니다.

우리 인간은 어쩌다 인간이 된 것이 아니라 지독한 생존의 과정을 거쳐 가장 탁월한 유전자를 획득한 자들만이 살아남았고 진화했습니다. 인간의 수명이 다른 동물들보다 상대적으로 긴 것은 장수 유전자를 지닌 사피엔스만이 자신의 유전자를 퍼트릴 수 있었기 때문이라고도 합니다. 어릴 적 죽거나 약하게 태어나면 자신의 유전자를 거의 물려줄 수가 없었기 때문입니다. 인간에게는 열성유전자와 우성유전자가 함께 있지만, 우성유전자가 도드라지는 이유는 우성적으로 작용하기 때문입니다.
진화학적으로 보면 부정적인 사람의 비중이 많다고 하는데 이는 자연을 극복하지 못한 인간이 살아남기 위한 어쩔 수 없는 선택이었습니다. 예를 들어 맹수나 천적을 보면 우선 도망을 친다든지 거센 물살과 깊은 강은 건너지 않고 돌아간다든지 하는 이유도 부정성이 진화 과정에서 새겨져 있기 때문입니다. 부정적으로 인식하는 것 즉 의심하는 것이 살아남는 것에 더욱 유리했기 때문입니다.

사피엔스는 진화의 과정에서 이기적인 유전자만을 만들어 낸 것이 아니라 이타적인 관계를 통해 종의 영속을 위해 노력했습니다. 진화의 과정은 생존의 과정이나 다르지 않기 때문에 생존 자체가 진화의 기초적 단계이고 이것이 안정화된 이후에 인간 진화의 기반이 마련될 수 있었습니다.

인간은 이 힘겨운 과정에서 자신이 살고자 하면 협동할 수밖에 없음을 알았고 그것을 위해서 서로 소통하는 게 필요했습니다. 그러한 소통의 과정에서 언어가 발전했고 언어의 확산을 통해서 세계를 관찰하고 분석하는 시각은 계속 넓어져 갔습니다. 베스트셀러가 된 유발 하라리의 책 사피엔스를 보면 인간이 절멸하지 않고 살아남을 수 있었던 결정적인 이유가 '뒷담화'였다고 주장했는데 참고할만합니다. 뒷담화라는 것이 부정적 의미로 들리지만 언어의 발달과 인간들의 상상력과 소통을 위해 가장 중요한 요소로 작용했다는 주장이지요.

인류는 말을 통해서 서로를 확인하고 말을 계속적으로 이어가면서 핏줄보다 중요한 것은 서사가 있는 이야기narrative라는 것을 깨달았습니다. 같은 말을 쓰며 공통적인 신화나 전설을 갖고 있는 무리들을 민족이라고 한다면 민족은 핏줄보다 같은 언어의 공동체이고 같은 이야기를 공유하고 있는 집단이라고 보는 게 맞는지도 모르겠습니다. 블러드 라인Blood-line보다 스토리 라인Story-line이 중요하다는 겁니다.

인류는 처음부터 지혜로운 인간인 사피엔스로 살지는 않았습니다. 함께 모여 사냥하고 채집하고 뒷담화를 하거나 서로의 등을 긁어 주거나 이를 잡아주는 행동을 통해 지혜를 습득했습니다. 실제로 고릴라나 침팬지 등 영장류의 생활을 관찰해보면 보통 4분의 1의 시간을 서로의 등을 긁어주거나 털을 다듬어주거나 이를 잡아주거나 하면서 보냅니다. 서로에게 친밀감을 표시하기 위한 방식이자 이타적인 행동을 통해 상대로부터 인정받고자 하는 기본적인 욕구가 이를 잡아주는 형태로 나타나는 것이죠. 우리가 페이스북이나 인스타그램 등 SNS를 통해 '좋아요'를 눌러주거나 공감을 표시하는 것도 이러한 영장류의 습성에서 나온 것으로 보입니다. 상대에게 관심이 있음과 타자로부터 인정받기 위한 갈구가 그러한 모습으로 나타나는 것입니다.

현생 인류는 진화의 산물이자 진화의 과정을 통해 지금의 모습을 갖췄습니다. 레너드 쉴레인의 지나사피엔스에 나오는 인간 진화의 재미있는 얘기들은 참고할 만합니다. 남성이 왜 가부장적이고 성sex과 권력power에 집착하는지 그리고 왜 바람을 피운 남성은 상대에게 용서받을 수 있고 역으로 왜 바람을 피운 여성에 대한 용서는 어려운 문제 등인지를 진화적 입장에서 잘 설명합니다.

그리고 더불어서 대머리와 색맹 왼손잡이와 게이gay가 왜 진화의 산물이고 어떻게 탄생했는지를 설명하고 있습니다. 인간은 나무에서 내려오는 엄청난 모험을 하게 되었는데 살아남기 위해서 그리고 두뇌를 더욱 발전시기키 위해서는 단백질이 필요했습니다. 풍부한 단백질의 원천인 고기를 얻기 위해 수렵사회를 거쳐야만 했는데 수렵 사회를 거치는 과정에서 인간의 진화가 극적으로 이뤄집니다.

최상의 매머드까지 먹어 치우는 지상 최대의 포식자이자 최고의 사냥꾼인 인간을 보면 사냥감들은 모두가 도망을 쳤습니다. 이러한 상황이 반복되자 인간은 사냥을 효과적으로 하기 위해 진화를 선택합니다. 털을 벗어버린 사피엔스는 머리에 있는 털까지 내다 버리면서 사냥을 하게 되는데 대머리가 되자 사냥감들이 '대머리 인간'을 사냥꾼 인간으로 인식하지 못하게 게 됩니다. 즉 대머리 인간은 사냥 집단의 척후병 노릇을 했다는 것입니다. 머리카락마저 버리면서 인간을 살아남은 것입니다.

색맹은 낮에 색을 구분하는 능력이 현격하게 떨어지는 사람을 일컫습니다. 색맹은 색을 분별할 수 없지만 오히려 밤에는 시력이 좋다고 합니다. 인간의 사냥이 낮과 밤을 가리지 않고 계속되었기에 색을 구분할 필요가 없는 밤 즉 야간사냥을 위해 색맹 역시 진화했다는 주장입니다.

사냥이라는 것은 협업이자 분업이기 때문에 서로의 능력을 마음껏 발휘해야만 가능합니다. 이러한 협업의 일환으로서 왼손잡이도 진화하는데요. 왼손잡이는 오른손잡이가 압도적인 상황에서 사냥감을 반대쪽에서 공격하기 위해 진화한 것이라는 겁니다. 게이의 경우 역시 진화의 산물이라는 것인데 사냥이 끝나고 고기를 배분할 때 늘 부족한 고기 탓에 가족이 없는 남성이 필요했기 때문에 게이로 진화했다고 보는 견해입니다. 고기도 부족했지만 암컷도 부족했을 수도 있을 것입니다. 여하튼 대단히 재미있고 흥미로운 추론이 아닐 수 없습니다.

그러니 머리카락이 없다고 색맹이라고 왼손잡이거나 게이라고 해서 슬퍼할 일이 아닙니다. 진화의 과정 수렵의 장구한 세월이 만들어 낸 인간 생존의 비결이 숨겨져 있는 것입니다. 더

군다나 이들은 여전히 인간 사회에서 약 8%밖에 없는 소수입니다. 따라서 사회적 성적 소수자인 이들을 무시하거나 차가운 눈으로 차별을 해서는 안 됩니다. 소수자도 함께 인간의 진화 과정에서 탄생한 귀한 존재들이기에 함께 이해하고 보듬어나가는 성숙한 인류애를 가져야 하겠습니다.

인류는 무리를 이뤄 살면서 비슷한 시기에 활동했던 네안데르탈인과 교류도 했습니다. 우리의 DNA에는 네안데르탈인의 유전자도 함께 남아있습니다. 하지만 네안데르탈인은 피지컬 측면에서 뛰어났지만, 인간에게 경쟁에서 밀려난 네안데르탈인은 절멸했고 인간만이 살아남았습니다.
자연선택에 의한 것이든 적자생존에 의한 것이든 아니면 우연한 변이를 통해 인간은 진화라는 과정을 거쳐 지금의 사피엔스가 되었고 이제 진화를 자기의 힘으로 좌지우지하는 단계에까지 이르렀습니다.

진화라는 과정은 숱한 비밀을 만들었지만 인간은 이제 인간 게놈의 전체 지도를 그릴 수 있는 존재 즉 인간이 신의 영역까지 진보하게 된 것이지요. 예전 인간은 신이 인간을 만들었다고 믿었지만, 이제 신의 영역이었던 생명 창조의 단계에까지 인간은 진보했습니다.

단순히 수명을 연장하는 것은 이제 쉬운 일이 되었고 길가메시 프로젝트 등을 통해 영생불사의 꿈을 이루기 위한 연구에 수조 원의 돈과 자원을 투자하고 있습니다. 이미 죽음을 질병으로 규정하고 죽음으로 이르는 유전자를 제거하는 작업에 돌입한 것인데요. 이를테면 노화 유전자를 제거하여 노화의 속도를 늦 춘다면 늙지 않고 오래 살 수 있게 만든다는 것인데 이게 꼭 좋 고 옳은 일인지는 판단이 참 어렵습니다.

하여튼 우리는 수백만 년의 진화 과정을 거쳐 우연하게도 살아 남았습니다. 정말 우연이라고밖에 표현하기 어렵습니다. 우연 한 행운으로 살아남았고 우연의 옷을 입고 등장한 현생 인류는 우연을 필연으로 만들기 위해 안간힘을 쓰고 있습니다. 진화에 도 과학과 인간의 의지를 집어넣어 보려 하고 있습니다. 재앙 의 성공으로 될지 실패가 성공으로 될는지는 지켜볼 일입니다.

나는 몸과 마음의 주인인가.

지혜가 있는 우리는 스스로 만물의 영장이라고 칭합니다. 학창시절 배웠던 교과서에도 나와 있고 자연과 사회 그리고 인간 스스로를 개조하거나 파괴하는 능력을 보자면 만물의 영장이라 부를 만하기도 합니다. 하지만 정말로 인간은 만물의 영장일까요. 인간은 스스로를 만물의 영장이라고 주장하지만 인간은 자기 자신의 주인도 아닐 수 있습니다.

단순화시켜보면 인간은 몸과 맘으로 구성됩니다. 몸은 세계와 연결된 유기체로서 존재하고, 마음은 생각이나 기억 등 의식과 무의식으로 이뤄져 있습니다.

그러나 몸과 마음이 온전히 자기의 것일까요. 만일 자신이 자기의 몸과 마음의 주인이라면 자신의 뜻대로 생각하고 움직일수 있어야 하는데 과연 그럴 수 있나요. 내가 숨 쉬고 싶을 때 숨을 쉬고 걷고 싶을 때 걷는 정도는 누구나 마음대로 할 수 있지만, 자신의 의지로 외부에서 들려오는 소리를 듣지 않거나 눈앞에 펼쳐진 것을 보지 않거나 냄새를 억지로 맡지 않을 수 있나요? 더욱이 심장에게 뛰지 말라고 명령을 내리면 심장은 뛰지 않고 위장에게 소화를 시키지 말라고 명령하면 위장은 소화액을 분비하지 않을까요?

이렇듯 나는 내 몸의 주인도 아닐 수 있고 몸보다 더욱더 복잡한 내 마음은 나도 모르는 게 당연합니다. 말 그대로 '마음대로' 할 수 있는 것은 극히 제한적일 수밖에 없습니다.

따라서 '마음대로' 사는 것은 사실 거의 불가능에 가깝습니다. 사람들이 마음대로 살겠다고 얘기하지만 마음대로 사는 사람이고픈 마음은 이해할 수 있겠으나 그저 속 편하자고 하는 말일뿐 세상에는 마음대로 사는 것처럼 어려운 일도 없습니다.

사람들은 보편적으로 살아있는 생명체나 현실의 인생에 대해서 몸의 존재가 곧 생명이며 인생이라고 생각합니다. 사실 몸은 생명의 기계적인 조직이며 현실에서 표현되는 모든 개인 자아의 작용으로 보면 쉽습니다. 몸은 아톰Atom-원자-의 현실 세계에 속합니다. 이 몸이란 현재 우리의 생명이 속해있는 것에 불과합니다. 오직 살아있는 동안 사용할 수 있는 사용권만 있을 뿐 영원할 수는 없습니다.

몸은 마음이 머무는 집처럼 보이지만 생명 작용의 측면에서 보면 몸이 없으면 마음이 머물 곳도 없습니다. 몸이 있기에 인간 세상의 각종 현상을 이해할 수 있게 됩니다.

노자老子는 "내게 큰 근심이 있는 까닭은 나에게 몸이 있기 때문이다. 나에게 몸이 없다면 무슨 근심이 있겠는가"라고 말한 바 있습니다. 몸이 없다면 모를까 그만큼 몸이 있는 한 몸은 사람의 온갖 근심 걱정의 원인이 되기도 합니다.

그런데 사람들 대부분은 눈앞의 이익과 개인의 욕망에 사로잡혀 자신의 몸을 가볍게 대합니다. 우리가 사람의 몸을 얻는 것이 마치 눈먼 거북이가 떠다니는 나뭇조각을 만나는 것처럼 어렵다고 합니다. 사람의 몸을 얻기 위해서는 불가에서는 세 가지 인연이 필요하다고 하는데요. 남성의 정자와 여성의 난자가 만나는 인연이 필요하고 여기에 더해 영혼(아뢰야식阿賴耶識)이 결합해야 비로소 몸을 얻을 수 있다고 합니다. 이것은 억겁의 인연이 우연히 계속되어야만 몸을 이룰 수 있다는 것인데 그만큼 몸이 소중하다는 얘기이기도 합니다.

우리 몸이야말로 온 우주를 품고 있는 가장 위대하고 귀중한 것입니다. 몸에는 우주 만물이 들어가 있으니 지구나 천지야 말해 무엇하겠습니까. 온 세계가 나와 같고 나의 몸이 온 우주인데 우리는 그러한 생각을 하지 못하고 살아갑니다. 그러니 앞으로라도 우리는 결코 몸을 가볍게 여겨서는 안 될 것입니다.

지그문트 프로이트(Sigmund Freud, 1856~1939)는 '꿈의 해석'에서 인간이 우주의 중심은커녕 자기 자신의 주인도 아니라고 일갈합니다. 무의식의 존재를 통해서 인간은 인간 스스로조차 통제할 수 없는 존재임을 밝힌 겁니다. 코페르니쿠스의 지동설 이후 인간은 우주의 중심이 아니었다는 것이 밝혀졌고, 마르크스의 계급투쟁 이론 이후 우리는 역사의 중심이 아니었고 프로이트 정신분석학 이후 우리가 그 인간의 중심조차 아니라는 것입니다. 지동설이 인간이 우주의 중심이 아니라는 사실을, 계급투쟁론이 인간의 역사의 주인이 아님을, 진화론이 불가침의 신성을 추락시켰다면 정신분석학이 무의식과 꿈을 통해 인간이 무의식의 노예임을 폭로한 것입니다.

이렇듯 인간은 나의 몸의 주인도 아닌 것처럼 보이지만 비관할 건 아닙니다. 인간은 인간 그 자체로 완벽하며 숭고한 자연의 이치를 온몸에 담고 있습니다. 그래서 우리 민족은 인간이 바로 하늘(인내천人乃天)이라고 주장했고, 모든 고등 종교와 성인들의 가르침도 인간은 그 자체로 온전하고 행복할 권리가 있다고 말합니다.

그렇다면 몸과 마음 가운데 무엇이 더 중요할까요. 또 마음은 무엇이고 어디에 있을까요. 마음을 영혼이나 의식 등으로 표현하기도 하는데 그 쓰임이 다 다르다 보니 정리하기 어렵습니다. 국가가 몸이라면 사회가 마음이라고 보면 이해하기 쉬울 수 있고, 몸이 집이라면 집에서 사는 사람을 마음으로 비유할 수 있을 것입니다. 사회가 어지러우면 나라가 위태롭고, 사람이 떠나면 그 집은 흉가凶家가 됩니다.

그래서 성현은 마음은 몸에 있어서 군주의 위치라고 말했던 것입니다. 마음 있지 않으면 보아도 보이지 않고 들어도 들리지 않으며 먹어도 그 맛을 알지 못한다고 합니다.

예컨대 실연을 당하거나 중요한 일을 망쳤거나 아니면 아주 기쁜 희열을 느낄 때 등 우리는 간혹 이러한 경험을 했을 것입니다. 주변에 돈 때문에 괴로워하는 사람들이 많은데 따지고 보면 사실 돈이 필요하다는 마음 때문에 괴로운 것이고, 아픔 때문에 괴로운 것도 그 아픔을 이겨낼 마음이 약해서 괴로울 때가 많습니다. 어떻게 마음을 먹느냐가 그만큼 중요하다는 말이겠습니다.

맹자孟子(BC 372년 추정 ~ BC 289년 추정)는 "사람들이 개나 닭을 잃어버리면 찾아 나서지만 자기 마음을 잃고서는 찾지 않는다"라고 말했는데 2,300년 전이나 지금이나 진리처럼 들립니다. 달아난 마음을 찾아 본래의 자리로 되돌아갈 수 있다면 이것이 진정한 학문의 이치입니다. 동양의 위대한 가르침은 "마음이 바르게 된 후에 몸이 닦아진다. 몸을 닦음이 그 마음을 바르게 함에 있다"라고 우리에게 팁을 줍니다.

인간은 자기 몸과 마음도 자기 뜻대로 마음대로 하기 어렵습니다. 하지만 몸과 마음이라는 분명한 실체가 있기에 세계의 주인으로 자기 운명의 주인으로 살 수 있습니다. 몸과 마음은 관념이나 의식으로는 나눌 수 있으나 본질적으로 보면 몸과 마음은 하나입니다. 몸이 없다면 마음이 있을 곳이 없고 마음이 없는 몸은 껍데기에 불과하기 때문입니다.

인간은 우주에서 독립적으로 따로 존재하는 것이 아니라 모든 것의 진화 과정에서 우연의 옷을 입고 나타난 필연적 존재이기에 인간이 우주고 우주가 바로 인간이라고 이해하면 쉽습니다. 모두가 위인으로 살지는 않을지라도 자기 운명의 주인으로 사는 데는 아무런 문제가 없습니다. 산 하나만 봐도 산 하나하나가 따로 존재하는 것이 아니라 수천 미터 지하를 보면 하나로 연결되어 있다는 것을 알 수 있듯 말입니다. 나무의 수많은 잎들이 다 다르지만 모두 한 뿌리에서 나왔음을 아는 것처럼 말입니다.

인문정신을 사람과 세계의 인식의 지평을 넓혀가는 과정 즉 진리를 추구하는 것이라 한다면, 어떤 인간이라도 앎과 함이라는 노력을 통해 인간에게 주어진 진리의 길을 뚜벅뚜벅 걸어갈 수 있습니다.

그 길의 동반자는 생각하는 학문 철학입니다. 철학은 철학자나 전문가의 학문이 아니라 생활인의 학문이자 한 사람 한 사람의 삶 자체가 철학입니다. 세상이 자신의 뜻대로 되지 않을 때 누구든 철학자가 됩니다. 철학이라는 고난의 터널은 당연한 것을 의심하면서 걸어가는 괴롭고 고독한 길이지만, 고독이야말로 터널을 뚫고 나가는 지름길이기 때문에 피하면 안 됩니다.

사람의 삶은 유한합니다. 그 유한한 삶 속에 온갖 오류와 모순을 품고 살아갑니다. 인간은 태어나는 순간부터 죽음을 향한 막을 수 없는 여행을 떠납니다. 한정된 시간 유한한 삶 그렇기 때문에 소중하고 아름다운 삶을 살아갈 수 있습니다. 우리가 죽지 않고 영생한다면 시간의 귀중함도 인연과 관계의 소중함도 모르고 살 것입니다.

하지만 죽음과 삶이 동전의 양면처럼 이어져 있기 때문에 오늘 하루를 행복하게 살 수 있는 것입니다. 삶은 죽음을 통해 완성되기에 죽음은 두려워할 대상이 아닙니다. 많은 사람들이 죽음으로 가는 여행에서 죽음의 공포와 죽음 이후에 대한 불안함으로 영혼을 소진합니다.

그러나 인간은 자연을 닮은 아니 자연 그 자체이기에 불안해할 이유가 없습니다. 죽음은 그저 현상 즉 자연에서 와서 자연으로 돌아가는 것 빛에서 와서 빛의 존재로 다시 회귀하는 것일 뿐이니 크게 걱정할 것도 없습니다.

유한한 존재인 인간에게 있어서 죽음이라는 것은 영원한 숙제였습니다. 많은 사람들이 죽음에 대해서 이러저러한 정의를 내렸지만 에피쿠로스(Epikuros, BC341~ BC270)가 제시한 죽음에 대한 명쾌한 논리를 넘어서는 것은 없어 보입니다.

"가장 두려운 악인 죽음은 우리에게 아무것도 아니다. 왜냐하면 우리가 존재하는 한 죽음은 우리와 함께 있지 않으며, 죽음이 왔을 때 이미 우리는 존재하지 않기 때문이다. 그렇다면 죽음은 산 사람이나 죽은 사람 모두와 아무런 상관이 없다. 왜냐하면 산 사람에게는 아직 죽음이 오지 않았고 죽은 사람은 이미 존재하지 않기 때문이다."

죽음에 대해 이토록 멋진 논변은 아직까지 보지 못했는데 두렵고 힘든 문제이지만 살아 있는 한 죽음은 아직 오지 않았고 죽음 이후는 두려워할 것이 없기 때문에 걱정할 이유가 없다는 것입니다.

논어 선진先進편에 보면 공자와 제자 계로(자로)의 대화가 나옵니다.

敢問死 감문사
자로가 공자에게 '감히 죽음에 대해 묻겠습니다.'라고 묻자
未知生 焉能死 미지생 언능사
아직 삶도 모르는데 어찌 죽음을 알겠느냐?'라고 대답합니다.

이 대화처럼 공자의 가르침과 감각이 매우 현실적이라는 것을 알 수 있습니다.

공자는 제자들과 수많은 대화를 나누고 가르쳤는데 공자는 '괴력난신'怪力亂神에 대해서는 얘기하지 않았다고 전해집니다.

2500년 전만 해도 인류의 과학과 기술이라는 것은 지금의 시각으로 보면 너무나도 미천해서 숱한 괴력난신에 관한 이야기들이 저잣거리에 떠돌았을 것입니다.

그러나 공자는 저잣거리에 떠도는 괴이하고 요사스러운 것 폭력이나 차력 그리고 난잡하거나 반란을 조장하는 행위나 귀신

과 신통력 따위에 대해서는 그저 대수롭지 않게 생각하고 관심을 두지 않았습니다. 제사를 지낼 때도 다만 귀신을 공경할 뿐 가까이하지 않는다고 가르쳤습니다. 오로지 인간이 배움과 수신을 통해서 현실과 세상을 살아가는 것이 사람다운 길이라고 가르쳤을 뿐입니다.

지금처럼 고도로 과학기술이 발달한 사회에서도 많은 사람이 괴력난신과 같은 해괴망측한 것을 가지고 혹세무민을 하는 것을 보면 기가 막힐 따름입니다. 자신이 구세주네 뭐네 하면서 말이죠. 그런데도 공자는 비록 2500년 전 고대의 사람이지만 지극히 상식적이고 과학적인 사람이었습니다.

그리고 사후 세계니 전생이니 하는 사람들도 있는데 사실 지금의 삶의 모습이 그 사후 세계이고 전생일 뿐이라고 생각하면 걱정하거나 두려워할 것은 없습니다. 곰곰이 생각해보면 전생이 있다면 후생이 있어야 합니다. 만약 전생이 있었다면 우리가 살고있는 지금 오늘 이생이야말로 전생의 후생이 아닐까요? 마치 어제는 그제의 내일이고 오늘은 어제의 내일이고 내일은 모레의 어제인 것처럼 말입니다.

어제는 지나간 과거일 뿐입니다. 또 내일은 오지 않은 미래일 뿐입니다. 과거는 불만스러웠고 미래는 불안할지라도 오직 진실인 오늘을 흔들리는 지금 이 순간을 최선을 다해 살아가는 것이야말로 자기 삶의 자기 운명의 주인으로 사는 것입니다. 몸과 마음을 다해서 말입니다.

3장.
인문정신으로 아름답게 사는 삶

사람은 모두 살기 위해 존재합니다. 그러나 단지 살기 위한 삶은 생명의 가장 기본적인 생존 양식에 불과합니다. 단지 살기 위한 삶이 아니라 자신의 존재 이유를 깨닫고 그 존재 이유에 맞게 살아가는 것이 사람다운 삶입니다. 동물적인 삶과 자연적인 존재로는 인간으로 사는 이유를 설명할 수 없습니다.

붓다는 "살아있는 모든 것은 행복하라"라고 했고 예수는 "천국이 바로 이 자리"라고 했습니다. 사람은 살아서 행복할 권리가 있고 지금 여기 오늘 하루하루가 천국이라는 것입니다. 맞는 말씀이지만 하루하루를 고통과 번뇌 속에서 치열하게 생활하는 생활인들에게 공허한 말장난처럼 들릴 수 있습니다. 어떤 분들은 무슨 한가한 말이냐며 '개 풀 뜯어 먹는 소리'라도 비난할 수도 있습니다.

하지만 숙고하는 삶 세계와 인간에 대해 알아가고 기뻐하는 삶 그래서 사랑과 평화를 얻어 가는 삶을 통해 우리는 지금 이 자리가 행복과 천국으로 가는 유일한 길임을 깨달을 수 있습니다. 천국을 불가에서는 극락極樂이라고 하는데 극락은 지극히 즐거운 공부하는 곳을 뜻하니 극락이란 곳도 공부하는 곳이네요.

지금 여기 이 자리를 천국과 극락으로 만들 수 있는 것은 그 사람이 지닌 인문정신으로 가능합니다. 인문정신을 통해 자신의 삶의 철학을 올곧게 세우고 세계를 바라보는 시각을 바꾸게 되면 세상도 자신도 변하게 됩니다. 애벌레가 나비가 되듯 환골탈태의 과정을 인문학이 인도하게 되는 겁니다.
인문학을 통해 삶의 나침반을 갖게 되고 인생의 등대를 만나게 되는 거지요. 그러면 인문학을 어떻게 해야 하는지 알아보겠습니다.

고난은 선물입니다.

근대의 문을 열어준 두 명의 걸출한 천재는 과학에서는 아이작 뉴턴이었고, 인문학에서는 장 자크 루소(Jean Jacques Rousseau, 1712~1778) 입니다. 루소는 사회계약론을 통해 "인간은 자유롭게 태어났다. 하지만 곳곳에서 사슬에 묶여 있다"라고 말했습니다. 자기가 다른 사람의 주인이라고 생각하는 사람도 사실은 더한 사슬에 묶인 노예라고 말하는 것입니다. 그러면서 루소는 자연으로 돌아가서 자연상태의 자유 평등 주권을 회복하는 길을 찾자고 주장을 합니다. 루소가 18세기에 보여준 통찰력 있는 이론 때문에 근대 시민혁명이 가능했던 것입니다.

우리가 사람답게 살아가기 위해서는 현실에서 자기를 묶고 있는 사슬이 무엇인지 알아야만 합니다. 국가와 사회를 떠나서 살아갈 수 없는 존재인 우리를 묶고 있는 사슬은 크게 보면 법과 제도, 관습과 문화적 편견 등입니다.

그러나 개인적으로 보면 우리를 얽매는 사슬은 스스로가 만든 스스로의 우물에 갇혀 있는 데 있습니다. 우리의 속담 가운데

'우물 안 개구리'라는 속담에 있는데 이는 개구리가 세계를 보는 시각이 얼마나 좁고 편협한가를 알려주는 얘기입니다. 다른 말로 고급스럽게 표현하면 이것을 프레임이라고도 하는데요. 프레임이란 자신에게 주어진 창문의 크기만큼 세계를 보고 이해한다는 뜻이기도 합니다. 자기 창문의 크기만큼 밖에 볼 수 없으면서 자신이 보고 알고 있는 것이 세계의 전부라고 착각하는 것처럼 안타까운 일도 없을 것입니다.

우리 역시 우리를 둘러싸고 있는 우물을 벗어나지 못하고 있지 않은가 의심해 봐야 합니다. 지극히 자연스러운 것과 당연한 것을 의심해야 자신을 한 단계 진일보시켜 낼 수 있습니다. 우리는 지금 자신을 가두고 있는 우물의 크기만큼 밖에 세상을 볼 수 없기에 더 큰 세상을 만나고자 한다면 자신을 가둔 우물에서 탈주하는 것이 가장 중요한 일이 됩니다.

자신을 둘러싼 우물에서 탈출하는 것 이것이 첫 번째 사슬을 끊어내는 일입니다. 첫 번째 사슬을 끊어내면 두 번째 사슬 세 번째 사슬이 연달아서 나오는데 한번 끊기가 어렵지 한번 끊게 되면 다음 사슬을 끊는 것은 그다지 어렵지 않습니다. 아이들이 첫걸음 떼기가 쉽지 않지만 첫걸음을 떼고 나면 곧 걷게 되며 걷게 되면 이내 달릴 수 있는 것처럼 말입니다.

사람은 본시 작은 돌부리에 걸려 넘어지는 것이지 높은 산에 걸려서 넘어지지 않습니다. 나를 지금까지 가둬둔 작은 우물이 나를 걸려 넘어지게 만든 돌부리라는 것을 인식하는 것 이것이 나의 사슬을 끊는 제1과제입니다.

탈정脫井 즉 우물에서 벗어난 이후에 우리는 다소 거친 표현으로 한다면 운명을 바꾸기 위해서 혁명革命을 해야 합니다. 혁명은 명을 바꾼다는 것입니다. 운명은 무엇일까요.

운명이라는 드라마를 이해하기 위해 청마 유치환의 너에게라는 시를 적어봅니다.

"물갈이 푸른 조석이
밀려가고 물려오는 거리에서
너는 좋은 이웃과
푸른 하늘과 꽃을 더불어 살아라
그 거리를 지키는 고독한 산정을
나는 밤마다 호올로 걷고 있노니
운명이란 피할 수 있는 것이 아니라
진실로 피할 수 있는 것을 피하지 않음이 운명이니라"

운명은 숙명과 같이 바꿀 수 없어 보이지만 운명運命의 운運자를 파자破字해보면 군대가 움직이는 것(軍+辶)을 표현하고 있습니다. 생로병사로 정해져 있는 것을 숙명이라고 하지만 늘 움직이고 변화하는 것을 운명이라고 합니다. 유치환의 시처럼 "운명이란 피할 수 있는 것이 아니라 진실로 피할 수 있는 것을 피하지 않음이 운명"이라는 절창처럼 자신의 삶과 운명에 대해서도 담대하게 마음먹을 때 우리는 자기 운명의 주인으로 살 수 있으리라 믿어봅니다.

성인이라 불리는 공자가 가장 두려워한 것이 천명입니다. 하늘의 명령이 천명인데 천명을 자기 것으로 만들려면 자신의 운명을 바꾸는 것 즉 혁명하는 일입니다. 자신의 운명은 자신만이 바꿀 수 있습니다. 혁명의 혁은 가죽을 뜻하고 명은 운명 즉 목숨을 뜻합니다. 자신의 껍질을 벗기는 고통을 겪어야 운명을 바꿀 수 있다는 것입니다. 박인환의 시 목마와 숙녀에 "두 개의 바위틈을 지나 청춘을 찾은 뱀과 같이"라는 구절이 나오는데 뱀도 자신의 허물(껍질)을 벗기 위해서는 고통스럽게 거친 바위틈을 지나야 비로소 청춘을 찾을 수 있다는 의미입니다.

우리가 인문학적인 새로운 삶 자기 운명의 주인으로 살기 위해서는 먼저 탈정으로 자기의 족쇄를 부수고 이어 자기 운명을 바꾸는 혁명을 통해서 자신의 껍데기를 벗어버리는 것이 중요합니다. 껍데기를 벗어야만 애벌레가 나비가 될 수 있고 알에서 나와야만 새로운 세계를 만날 수 있습니다. 탈정과 혁명에는 고통과 고난이 따르지만, 고난은 선물이기에 나를 묶고 있는 사슬을 끊고 진정한 자유와 무한한 변화의 길로 우리를 인도합니다.

함께 가는 인생 여행

인생이라는 것은 어떻게 보면 하나의 긴 여행입니다. 태어나면서부터 시작된 여행은 삶을 마치는 순간에 끝이 납니다. 자연에서 시작해서 자연으로 돌아가는 긴 여행을 시간순으로 중요도 순으로 정하는 것은 그리 현명해 보이지는 않습니다. 어디론가 떠나간다고 생각하지만 결국은 돌아오는 것이 인생 여행입니다. 인간은 자신과 세계를 떠나서 살 수 없습니다. 길 위의 인생이란 결국 사람(人間)의 길이고 삶(世界)의 길입니다.

우리는 수많은 여행기와 여행담을 읽고 들으면서 상상의 나래를 펴왔습니다. 근현대가 시작되기 전까지 거의 모든 인류는 자신이 태어난 곳에서 50km를 벗어나지 못하고 살다가 죽었습니다. 그래서 직접적인 경험보다 책과 이야기를 통해 여행을 경험할 수밖에 없었습니다.

오디세우스의 영웅적인 여행담인 오딧세이, 영생을 찾아 떠난 길가메시의 여정, 진리를 찾아 떠난 삼장법사 현장 스님의 여행기인 서유기, 소설 걸리버 여행기, 마젤란이나 제임스 쿡과 같은 신대륙을 찾아 떠난 모험담까지 헤아리기 어려울 만큼 수많은 여행들이 있었고 현재 인류는 지구를 떠나 달과 화성 등 우주까지로 여행의 범위를 넓히고 있습니다.

하지만 세상에서 가장 먼 여행을 신영복 선생은 '머리에서 가슴 그리고 손발까지의 여행'이라고 얘기합니다. 가히 탁견입니다. 여행이라는 것이 세계로 떠나는 머나먼 여정임에 분명하지만 가장 중요한 것은 자기에게서 출발해서 자기 자신으로 돌아온다는 말씀입니다.

사실 머리에서 가슴까지는 수십 센티미터밖에 되지 않습니다. 1m가 채 되지 않는 여행이 인생의 가장 먼 여행이라는 선생의 주장은 머리로 아는 삶이 아니라 가슴으로 느끼고 공감하는 삶이 얼마나 중요한가를 말해줍니다. 가슴에서 그치지 않고 손과

발까지의 여행은 함과 실천이라는 것을 동반한 여행이랄 때 빛이 난다는 이야기입니다. 앎知에서 느낌共感에서 함實踐으로 점차 나아가는 여행이 진정한 인생 여행이라고 완곡하게 설명하고 있습니다. 머리에서 시작해서 가슴으로 그리고 손발로 이어지는 여행이야말로 어떠한 모험담 영웅담보다 아름다운 사람다움의 길이자 위대한 여정이라 할 수 있습니다.

참나를 찾아 떠나는 여행은 나(인간)에게서 출발하여 삶(세계)의 지평을 넓혀가는 것입니다. 그러려면 공감과 실천이 받쳐주어야만 합니다. 또한 참나를 찾아가는 여행은 외롭게 홀로 떠나는 여행이 아니라 함께하는 행복한 여행이어야 합니다. 뜻과 마음이 맞든 설사 의견을 달리하든 함께 할 때 여행의 진면목을 발견할 수 있게 됩니다. 혼자 가면 빨리 갈 수 있지만, 함께 가는 여행이라야 멀리 갈 수 있고 오래갈 수 있습니다. '함께'라는 것은 다르지만 인정한다는 것입니다.

국민은 현명하지 않을 수 있어도 결코 틀리지 않는다고 합니다. 이를 다른 표현으로 집단지성이라 표현할 수 있을 것입니다. 집단지성이라는 것은 나를 비롯한 평범한 한 사람 한 사람의 생각과 주장이 다를지라도 그 집단의 의견을 총합해보면 거의 비슷한 수준에서 수렴된다는 뜻입니다.

예컨대 "마포대교가 몇 미터일까?"라는 질문을 던지면 누구는 1,000m라고 말할 것이고 누구는 2,000m라고 말하겠지만 그 질문을 수천 명에게 하고 나서 통계를 내어보면 대략 정확한 수치인 1,500m 정도로 수렴된다고 합니다. 신기한 일이지만 평범한 사람들이 함께 모아 내는 경험과 지혜들이 집단지성이라는 비범한 진실을 가르쳐 주고 있는 거지요.

인생은 함께하는 여행이고 우리는 함께 함으로써 인생의 참맛을 느끼고 참나를 찾는 아름다운 여정을 떠나는 것입니다. 진리를 찾아가는 구도의 길이든 세계로 향한 지평을 넓히기 위한 학문의 길이든 사람답게 살고자 하는 인생 여행일 뿐이기에 이 여행을 결코 멈춰서는 안됩니다.

누구나 인문학을 할 수 있습니다.

산에 피든 강가에 피든 꽃은 다 아름답게 피어나고 자기만의 향기를 품고 있습니다. 인문학자나 철학자 등 전문가의 학문과 이론도 중요하겠지만 지금은 누구나 자신만의 인문학을 할 수 있는 시대가 되었습니다. 지식과 정보는 독점되지 않고 넘쳐나며 열린 사회로 진입한 지 오래입니다. 인문학은 지고지순한 실험실의 증류수가 아닙니다. 때론 시냇물이고 때론 탁류이고 때론 바닷물이기도 하지요. 모든 물이 H_2O로 구성되어 있어도 그 맛과 향과 모양은 다 다릅니다.

따라서 누구나 자신만의 생각과 가치관으로 인문학을 할 수 있습니다. 인문학 별것 아닙니다. 자신과 자신의 삶 자체가 하나의 인문정신이고 인문학이기 때문입니다.

누구나 자신만의 독특한 인생관과 세계관 그리고 철학이 있습니다. 다만 '이것이 과연 인문학(인문정신)일까?'에서 그치는 경우가 허다하고 인문학이라면 무슨 거창한 이론이나 시대적 담론이 있어야 한다고 한계 짓기 때문에 어렵게 생각됩니다.

허나 인문학 아무것도 아니라는 그 한 생각만 바꿀 수 있다면 모두는 인문학자가 될 수 있고 이를 통해 개개인 모두의 인생을 바꿀 수 있습니다.

모두가 인문학자가 될 수 있는 방법은 내가 서 있는 이 자리에서 지금부터라는 생각을 갖는 것에서 시작됩니다. 생각만으로도 많은 것이 바뀌는데 하물며 생각을 넘어서 공감하고 소통하고 실천한다며 엄청난 삶의 변화가 오는 것은 당연한 이치입니다. 숙고하기 따듯하게 바라보기 책을 읽거나 여행하기 사람들을 사랑하는 것 등 이 모든 것이 인문학자로 진입하는 길이고 우리를 즐겁고 행복한 삶으로 이끌어 갑니다.
오늘 지금부터 시작하는 인문정신을 갖기 위한 몇 가지 제안을 한다면 다음과 같습니다.

- 문사철 등 인문학은 어렵다는 편견을 벗어나는 것
문학, 역사, 철학을 줄여서 보통 문사철文史哲이라고 합니다. 그다지 돈도 되지 않고 옳은 얘기를 장황하게 하는 것처럼 보이지만 고전은 읽을 때마다 새로운 삶의 향기를 뿜어냅니다. 책은 읽기 전의 나와 읽은 후의 나를 달라지게 하는 마법의 기술이 있습니다. 우선 자신의 수준에 맞는 책을 우선 고르는 데서 시작해서 점차 지식의 깊이와 넓이를 만들어가야 합니다.

– 능력의 문제가 아니라 의지의 문제라고 깨닫는 것

인문학 공부는 경쟁과 시험에 대비하는 것이 아니기에 특별한 능력이 필요치 않습니다. 애정을 가지고 사람과 세계에 대한 지평을 넓히려는 간절한 소망과 의지가 필요할 뿐입니다. 아무리 사소하고 하찮은 것도 의지가 없이는 이뤄지지 않습니다. 의지는 작은 소망과 희망을 자신에게 선물하는 일입니다.

– 현실을 긍정하고 무지를 인정하는 것

우리는 현재만을 살 뿐입니다. 과거와 미래는 오직 기억과 바람이라는 생각 속에서만 존재할 뿐이기에 현실의 있는 그대로를 인정하는 자세가 중요합니다. 모른다고 인정하는 것이 앞으로 나아가는 첫걸음이기에 무지의 지를 통한 깨달음의 단계로 나아가야 합니다. 배움은 모름에서 출발합니다.

– 인문고전을 매일 15분가량 읽는 것

하루 24시간의 1%는 15분입니다. 작은 시냇물이 모여 바다를 이루듯이 매일같이 15분을 독서에 투자한다면 몇 년 안에 대단한 내공이 쌓여집니다. 습관은 21일간 꾸준히 하다 보면 만들어진다는 보고도 있습니다.

– 숙고하고 자신에게 질문을 던지는 습관을 들이는 것

식스팩 등 몸의 근육이 쉽게 만들어지지 않듯 깊은 사고를 위한 생각의 근육도 하루아침에 만들어지지 않습니다. 당연한 것일지라도 꾸준히 생각을 반복적으로 하다 보면 숙고하는 삶이 가능합니다. 그리고 자신에게 나는 누구인가 나는 무엇을 원하는가 등에 대해 꾸준히 묻고 답하는 노력을 기울이다 보면 누구나 인문의 바다로 들어갈 수 있습니다.

다만 이러한 것들을 욕심이나 욕망이 아니라 양심과 소망으로 해야 오래 할 수 있고 성과도 이룰 수 있습니다.

또한 어렵게 하는 것보다 쉽게 해야 하고 즐길 수 있어야 합니다. 마치 어린아이들이 장난감을 갖고 노는 것처럼 인문학을 해야 합니다. 오랜 시간 갖고 놀다 보면 저절로 얻는 바가 있습니다. 가지고 논다는 것은 생각을 가지고 논다는 것입니다.

어떤 이는 세상에서 가장 쉬운 게 공부였다고 하고 교과서 위주로만 공부했는데 전국 수석이 되었다고 인터뷰를 합니다. 하지만 세상에서 공부가 가장 어려운 일인 것은 전국 수석이 되어보지 못한 우리와 같은 평범한 사람들에게는 너무나 당연한 사실입니다. 더욱이 참고서도 보고 학원도 다녔는데도 1등은 고사하고 참담한 경험들만 즐비한 게 부끄럽기까지 하지 않나요. 정말 공부는 어렵습니다.

그러나 인생 공부는 시험이나 경쟁이 아니라 여행이고 연대이기에 산을 좋아하는 사람은 산으로 가면 되고 바다를 좋아하는 사람은 바다로 가서 즐기고 느끼면 됩니다. 다만 자신의 두 발로 오로지 자기를 믿으며 자신만의 길을 걸어가야만 합니다.
천 리를 더 보고자 한다면 한 계단 더 올라가야 합니다. 차라투스트라의 말처럼 높이 오를 생각이라면 그대들 자신의 발로 오르도록 하여야 합니다. 하늘 아래 가장 어려운 일은 사람 그중에서도 자신을 아는 일이기에 서두르지 않아야 합니다. 사람을 알아가는 인문학 지금 시작해도 늦지 않습니다.

여행과 사색 그리고 인문고전으로
삶을 변화시켜야 합니다.

대한민국의 시민들은 문명이 가져다준 이기를 마음껏 누리고 삽니다. 통계를 보면 우리 국민이 하루에 스마트폰을 3시간 보고 TV 시청도 3시간가량 한다고 합니다. 그러나 대한민국의 성인 다수는 1년에 단 한 권의 책도 읽지 않습니다. 스마트폰 3시간과 TV 시청 3시간을 5천만 국민의 시간으로 환산하면 3억 시간이 됩니다. 하루에 3억 인시人時가 자신의 삶을 변화시키는 중요한 것에 사용되지 않고 그 많은 시간이 허비된다는 얘기입니다. 스마트폰을 통해서 또는 TV를 통해서 삶의 질이 높아진 사람이 얼마나 될까요. 그 많은 시간 가운데 하루에 한 시간씩만이라도 책을 읽거나 생각의 힘을 키우는데 쓴다면 우리 사회는 엄청난 변화를 가져올 수 있습니다. 5천만 인시人時는 개인이 100년(100년=86,700시간)을 산다고 가정한다면 얼마나 많은 시간인가요. 수백 수천억 시간을 허투루 보내고 있는 것입니다. 삶을 허비하는 것이죠.

더도 말고 우리 국민이 하루에 15분씩만 책을 읽어도 우리 국민은 세계 초일류 선진국민이 될 것입니다. 하루에 15분은 하루의 24시간이 1440분이니 100분의 1에 해당하는데 99%는 자신이 하는 일에 쓰고 1%의 시간만 인문고전과 사색에 투자하라는 겁니다. 15분씩 독서를 하면 한 달이면 최소 한 권 이상의 책을 볼 수가 있습니다. 습관을 들이면 속도가 빨라져서 성인 기준으로 1년에 20권가량의 책을 볼 수 있다는 겁니다. 독서를 통해 자신의 도약은 물론 사회의 정신적 수준이 함께 발전합니다. 공자님은 위편삼절韋編三絶이라는 고사처럼 말가죽이 세 번 끊어질 때까지 주역을 읽었습니다. 김득신은 사마천의 백이열전을 10만 번을 읽었습니다. 수불석권手不釋卷 즉 손에서 책을 놓지 않는 삶의 자세는 지금까지 그 정신이 오롯이 이어져 오고 있습니다.

개인 한 사람이 모든 세계를 경험하거나 알 수는 없습니다. 그래서 타인을 만나고 사람만으로 알 수 없기에 책을 읽고 여행을 하는 것입니다. 행만리로行萬里路 독만권서讀萬券書 즉 만리의 여행을 하고 만권의 책을 읽는 것이 선비들의 로망이었습니다. 시선이라 불리는 당나라의 이백은 10대부터 중국 전역을 유람하면서 수많은 자연을 음미했고 수많은 문객들과 교류했습니다. 그의 호방하고 유유자적한 시풍은 어릴 적부터 당나라

전역을 여행한 데서 나온 결과물입니다.

지금으로부터 100여 년 이전의 우리 조상들 대다수는 자신이 태어난 곳에서 50리(약 20Km)를 벗어나서 살아가지 못했습니다. 현대를 살아가는 사람들에게 있어서 만 리의 여행은 자신의 의지와 시간 그리고 약간의 경비만 있다면 그다지 어려운 일이 아니게 되었습니다.

책은 예전에 가장 귀한 물건이자 귀한 선물이었습니다. 여말선초에 포은 정몽주가 나주로 귀향을 가는 삼봉 정도전에게 준 선물이 맹자孟子라는 책이었습니다.

사실 맹자는 군주들이 보기에는 불온한 책입니다. 역성혁명을 주장하고 있기 때문입니다. 탕왕은 패주 걸傑을 폐위시키고 상나라를 세웠고 문왕은 폭군 주왕을 단죄해서 주나라를 세웠습니다. 맹자는 맹자라는 책을 통해 이들 걸주라는 천자를 폐위시키고 죽이는 것이 정당하다는 역성혁명의 논리를 제공합니다. 탕왕이 패주 걸왕을 문왕이 폭군 주왕을 단죄한 것은 반역이 아니라는 겁니다, 즉 "인仁을 버리면 적賊(도둑)이고 의義를 버리면 잔殘(잔당)인데 인의를 버린 자를 일부一夫(범부)라하며 인의를 버린 일부를 처단한 것"이라 주장합니다. 인의를 저버린 폭군을 몰아낸 것일 뿐 사심 어린 권력욕으로 왕의 자리를 찬탈할 것이 아니라는 것이지요.

이 대목에 개혁 군주라고 하는 조선조의 정조대왕조차도 맹자의 역성혁명에 대해서는 역정을 냈습니다. 개혁 군주든 아니든 왕이라는 존재의 입장에서 역성혁명이라는 논리를 선뜻 받아들이기가 쉽지는 않았을 것입니다.

여하튼 정도전은 맹자를 읽으며 인민을 도탄에 빠뜨리며 무능과 부패로 얼룩진 고려에 대한 희망의 끈을 놓아버리고 혁명을 꿈꿨습니다. 매일매일 한 페이지씩 맹자를 읽으며 혁명 의지를 불태웠고 결국 고려를 멸망하게 하고 조선을 창업하는 일등공신이 됩니다.

인류는 1만 년 전 즈음 마지막 빙하기를 마치면서 농경 생활과 함께 문명을 창조했고 약 5천 년 전 즈음 글자를 만들었습니다. 점토판과 파피루스의 시대를 거쳐 양피지와 죽간이 사용되었고 이후 종이가 발명되었습니다. 종이는 예전에 귀하고도 귀한 것이어서 일반인은 종이로 만든 책은 물론 종이 자체에도 범접하기 어려웠습니다. 하지만 지금은 종이의 존재는 흔하고 흔해졌지요. 책 역시 단순한 무게에 의해 고물상에 내다 팔거나 재활용될 뿐입니다.

서양도 마찬가지였습니다. 1450년경 요하네스 구텐베르크가 금속활자를 발명했습니다. 물론 최초의 금속활자는 우리나라의 직지입니다. 당시 유럽 전역에는 책이 3만 권 정도밖에 되지 않았습니다. 이렇듯 책이 귀하다 보니 노예나 농노는 물론이고 다수의 평민들은 책을 볼 수가 없었습니다. 책은 귀족이나 성직자들의 전유물이 되었고 지식은 정말로 독점하는 자의 것이 될 수밖에 없었습니다.

그러나 인쇄술의 비약적인 발전으로 1500년경 유럽은 900만 권의 책을 가지게 되었습니다. 어느 정도 지식의 공유가 가능해진 거지요. 사람들은 자신의 마을 너머에 무엇이 있는지 조금씩이라도 알게 되었고 신탁神託에 의존하던 자신의 삶과 운명을 자기 자신의 문제로 받아들이기 시작했습니다. 지식의 양과 폭은 커지고 깊어지게 되었으며 자연스럽게 금속활자와 인쇄술은 유럽에 르네상스의 길을 열어주게 되었습니다.

중세에 가장 귀한 책은 뭐니 뭐니 해도 성경이었는데 그 많은 분량을 수도사들이나 필경사들이 책을 손으로 직접 써서 제작해야만 했습니다. 성경 한 권을 필사하는데 대략 3년의 시간이 걸립니다. 3년에 걸쳐 만든 책이니 책값이 지금의 아파트 한 채값 정도였고 당연히 고가 중의 고가품이 책이었습니다.

그러니 성경을 아무나 볼 수 없었고 하나님 말씀은 일부의 귀족들과 성직자들만이 읽고 해석할 수 있었습니다. 책이 없는 세상은 신의 세상이었고 신권神權이 민권民權을 압도했습니다. 중세의 암흑기가 오래간 이유도 책을 통한 특정 계급만이 정보를 독점했기 때문에 나타난 현상입니다.

결국 인쇄술과 이를 기반으로 한 수많은 책의 전파는 신 중심의 사회에서 인간을 위한 학문과 자유의지인 인본주의를 꽃을 피우는데 결정적인 역할을 하게 됩니다.

그렇다면 지금은 어떻습니까. 책은 누구나의 것 아무나의 것이 되었습니다. 책을 읽기도 사기도 쉬워졌고 수많은 정보를 가지고 있는 책값도 부담스러울 정도는 아닙니다. 중세시대나 지금이나 공통적인 책의 특성과 중요성은 최신의 최고급 정보를 담고 있다는 것입니다. 현대를 정보화시대라 부르기도 하고 정보가 곧 힘이고 돈이라고 하는 데 아직까지 책보다 정보와 가치가 있는 게 없습니다.

따라서 책을 읽는 개인과 민족은 망하지 않습니다. 책을 통해 과거를 알고 현실에 살고 미래로 가는 열쇠를 얻을 수 있습니다. 무엇보다 책을 통해서 사람을 만나고 다른 사람의 인생을 고스란히 경험할 수 있습니다.

"사람을 아는 자가 세상을 지배한다"라는 한비자의 말처럼 책을 통해 사람을 알아야 하고 책을 읽는 사람이 세상의 주인이 되는 것은 당연한 일일 것입니다.

2부

실사구시 인문학

인류가 이루려는 꿈과 이상에 인문고전이 길잡이 역할을 합니다.

인문고전이야말로 오래된 미래이자

창조력과 상상력의 마르지 않는 샘물이기 때문입니다.

실사구시實事求是라는 말은 사실에 기반하여 진리를 구하는 것을 뜻합니다. 무엇을 추구하든 그러하지만 특히 진리를 구하거나 삶의 방향을 잡아가는 데서 사실과 현실에 굳게 뿌리내리지 않을 때 그 공허함이란 이루 말하기 힘듭니다. 조선 후기 실학實學과 등장한 이유도 성리학이 실제 나라와 백성들에게 도움이 되지 않고 당파의 이익과 헛된 명분만을 따졌기 때문입니다. 허학虛學에 대비되는 말로써 실학을 이야기 한 것입니다.

아무리 좋은 이론과 이상이라 할지라도 반드시 현실에서 검증되어야 힘을 받을 수 있습니다. 인문학과 인문정신이 아무리 고상하고 아름다운 말의 연찬일지라도 현실적이지 않고 사실에 기반하지 못한다면 사람들에게 희망을 줄 수 없습니다.

내가 발 딛고 있는 현실의 삶은 고단하지만 나는 그 삶을 떠나 살 수 없기에 현실을 있는 그대로 긍정해야 합니다. 긍정한다는 말은 있는 그대로를 인정한다는 뜻입니다. (영어의 네거티브 negative의 반대어로 쓰이는 긍정 positive을 뜻하는 게 아닙니다.)

많은 사람들이 부와 권력 등 성공을 위해 살아가지만 그러한 사람들의 대다수는 정작 중요한 인생에서는 실패합니다. 자본주의 사회에서 '성공'이라는 욕망 없이 산다는 것이 얼마나 어려운가는 모두가 잘 압니다. 권력의지를 갖고 사는 것이나 부자가 되고자 하는 마음이 반드시 나쁜 것도 아닙니다. 그리고 결핍에서 벗어나기 위해 또는 돈으로부터 자유롭기 위해서 노력하는 의지가 잘못된 것은 더더욱 아닙니다.

다만 평범한 개인 한 사람 한 사람의 노력만으로는 양극화·고착화된 자본주의의 구조적인 모순을 극복해 내는 것은 사실 불가능합니다. 99%가 실패하는 것을 나만은 이뤄낼 수 있다고 기대하거나 생각하는 것은 거의 착각이거나 헛된 바람일 가능성이 큽니다. 현재의 자본주의의 본질을 꿰뚫어 보지 못하고 본심을 어기고 부리는 욕심 때문에 마음과 정신은 물론 몸까지

망가뜨리면서 우리는 일을 하곤 합니다. 하지만 일을 더 열심히 할수록 가난해지거나 몸과 마음마저 병들어 갑니다.

1장에서 말한 것처럼 우리는 천문학적인 확률을 뚫고 이 세상에 태어난 그 자체로 성공적인 삶이기에 삶 자체를 긍정하고 살아가는 것이 중요합니다. 어디에 피든 꽃이 아니겠습니까. 산에 피든 들판에 피든 모든 꽃은 자기만의 향기를 자기만의 매력을 지니고 있습니다.

이 장에서는 실제의 우리 삶과 뗄 수 없는 정치와 경제, 기업과 리더십 등 현실적인 문제에 대해 인문정신을 통해 살펴보겠습니다.

'모든 이론은 회색이고 오직 영원한 것은 저 푸른 생명의 나무다'라는 레닌의 말처럼 어떤 이론도 살아 꿈틀대는 현실을 대체할 수 없습니다.

우리나라에서 우파는 주로 자유의 가치와 공화를

좌파는 평등의 가치와 공동체를 중요하게 여기는데

이러한 가치는 진영을 떠나 모두 소중하고 존중되어야 합니다.

좌파는 정의라는 불로 자유를 불태워서는 안되고,

우파는 자유라는 무기로 평등을 단죄해서는 안 될 것입니다.

4장.
정치는 생활

정치적이라는 말의 의미

'인간은 정치(폴리스)적 동물이다'라고 아리스토텔레스는 말했습니다. 우리 때는 사회적 동물로 배웠으나 사실은 정치(폴리스)적 동물이라는 뜻이 더 맞는 표현입니다. 인간이 정치적 동물임에도 불구하고 우리는 정치적이라고 하면 그다지 좋아하지 않습니다. 예술가에게 '예술적이다'라고 하거나 철학자에게 '철학적이다'라고 하면 좋아하면서도 말입니다. 정치인에게 조차 '정치적이다'라는 수사는 비아냥거리는 말로 들리거나 얄

보는 뉘앙스로 들립니다.

왜 우리는 인간이 정치적 동물이고 정치적 결정이나 정책적 판단이야말로 개인과 국가의 문제를 다루는 데 가장 중요한 것이라는 것을 잘 알면서도 정치적이라면 부정적으로 반응할까요. 그것은 지금까지의 정치가 투명하지 않았거나, 미디어 등을 통해서 바라본 정치 행태가 야합이나 음모적인 것으로 비추어졌기 때문일 것입니다. 하지만 조금 더 본질적으로 들어가 보면 정치에 대해 내 삶과는 동떨어진 것으로 이해한 탓이 큽니다. 우리는 식사 자리든 술자리든 어느 시공간을 막론하고 둘 이상만 모이면 정치를 이야기하지만 정작 자신이 정치의 주인이라고 생각하면서 얘기해 본 적은 거의 없고, 정치를 이해당사자나 정치인들의 전유물로 생각했기 때문입니다.

정치야말로 국가와 사회의 가장 중요한 정책과 노선을 결정하는 꼭 필요한 인간의 일입니다. 중국의 국부인 손문 선생은 대중의 일을 관리하는 것을 정치라고 말했습니다. 돈의 과학이 경제라면 사람의 과학이 정치라고 볼 수 있습니다. 사람들은 정치 탓(사실은 정치인 탓입니다!)을 많이 하고 정치인 욕을 무척 자랑스럽게 하지만 인간은 정치를 떠나서 살 수 없습니다. 정치가 없다면 국가도 사회도 경제도 존재할 수 없기 때문입니다.

물이 오염됐다고 강을 버릴 수는 없는 것과 같은 이치입니다. 물을 깨끗하게 만들어서 맑은 강이 되게 해야 합니다. 또 맑은 공기를 들이쉬고 싶다면 매연을 줄이고 공기를 정화해야 하듯 정치도 시민의 참여로 투명하고 깨끗하게 만들 수 있습니다.

지금까지의 정치는 갈등과 증오를 부추기는 정치였습니다. 30년 전까지만 해도 우리나라는 군부독재의 공포정치가 행해졌습니다. 제가 87학번인데요. 우연히 87년 6월 민주항쟁을 겪었고 대학 시절 내내 데모하면서 살았습니다. 학생운동을 거쳐 재야운동 시민운동 10여 년을 했는데 그동안 우리 사회는 괄목할만한 성장을 이뤄냈습니다. 민주화라는 커다란 집에 작은 벽돌 하나라도 보탰다는 생각에 부끄럽지는 않지만, 어느덧 민주화 세력이 산업화 세력과 양대 기득권 세력이 되었습니다. 그런데 민주화 세력마저 양극화와 고착화되고 있는 사회 모순에 타협하고 우리 젊은 청년들에게 희망을 주고 있지 못하고 있는 모습을 볼 때면 한없이 부끄럽기만 합니다.

민주화 이후 우리 국민은 대통령부터 기초의원까지 자신의 손으로 선출합니다. 올 2020년 4.15 국회의원 총선거를 보면 국민의힘이 얼마나 무서운 것인지 정치인들도 잘 알게 되었습니다. 시민들은 대화와 토론 참여와 투표를 통해 명실상부한 정치의 주인공이 됐습니다. 이제 정당은 당원을 교육하는 학교를 넘어 시민 곁으로 한층 더 다가가야 합니다. 더욱더 민주화되고 정치는 한결 투명해져야 하며, 과거의 갈등 정치에서 화해와 타협의 정치로 나아가야만 할 것입니다. 시민이 정치의 주인공으로 우뚝 선 마당에서 정치인 몇몇의 장난으로 나라가 휘청이는 시대로 회귀하게 해서는 안 되기 때문입니다.

이제 정치인들도 정치적이라는 말이 부끄럽지 않게 만들어 줄 필요가 있습니다. 많은 사람들이 토크 빌의 얘기한 것으로 알고 있지만 사실은 조제프 메스토로가 말한 것인데요. '그 나라 민주주의의 수준은 그 나라 국민의 수준과 비례'하기에 국가는 그 수준에 맞는 정부를 갖게 되는 것입니다. 촛불보다 투표가 힘이 센 것처럼 참여하고 행동하는 시민이 우리나라의 정치와 정치인을 바르게 인도해 주고 더 나은 민주주의를 만들어 냅니다.

정치는 3D업종?

3D업종이라고 하면 우리는 생산 현장의 직업군 가운데 취약한 업종을 생각하기가 쉽습니다. 그러나 제가 겪은 바로 봐도 사실 정치는 3D업종 가운데 하나입니다. 정치가 왜 3D업종일까요.

1) 더럽다(Dirty)라는 말은 자신이 속한 정당이 여든 야든 자신의 인격과는 무관하게 무차별적으로 국민에게 손가락질과 숱한 욕을 들어야 하는 자리에 있기 때문입니다. 정치인이 하는 거의 모든 정치적 결정과 판단이 옳고 그름의 문제가 아니라 여당이기 때문에 아니면 야당이기 때문에 반대편과 세력으로부터 욕을 먹어야 하니 '더럽다'라는 말이 목구멍에 늘 걸려 있을 겁니다. 또 정당과 정치를 이권과 음모의 시각으로 보는 국민이 많으니 착잡할 것입니다. 우리 사회에서 존경받는 자리에 있던 사람도 정치판에 가게 되면 'one of them'이 되어 옆집 개가 짖으면 따라 짖는 개가 되는 게 정치판이니 더 설명할 필요가 없겠습니다.

2) 위험하다(Dangerous)라는 말은 출마를 해보지 않은 사람들

은 잘 모르겠지만 정치는 위험하기 그지없습니다. 수십 년 전에는 출마 한번 하려면 돈이 참 많이 들었습니다. 고무신 선거다 막걸리 선거다 하면서 돈 선거가 판을 쳤습니다. 정치에 잘못 뛰어들면 자신의 가산은 물론 처갓집의 자산까지 탕진하는 것은 물론이고 정치자금을 받거나 주어서 감옥에 가기 일쑤였습니다. 그래서 정치인은 '교도소 담장을 걷는 사람'이라는 우스갯소리도 있습니다. 자칫하면 교도소 담장 안으로 떨어질 수도 있다는 얘깁니다. 산업재해로 많은 노동자들이 부상을 당하는 것처럼 정치인들도 '정치 재해'속에서 위험한 일을 벌이고 있는 딱한 사람들입니다.

3) 어렵다(Difficult)라는 말은 어느 분야든 그 분야에서 내로라 하는 사람들이나 대중적 라이선스liecense를 가진 유명인들이 주로 출마를 하게 되지만, 정치인 개인의 노력만으로는 성공하기가 어렵기 때문입니다.

무슨 자격시험 보는 것과는 비교할 수 없을 만큼 어려운 과정이 정치과정입니다. 또 수년을 절차탁마하면서 준비했더라도 출마하는 해의 시대 운과 자신이 소속된 정당 그리고 시민들의 정치적 판단에 전적으로 의존해야만 하는 것입니다. 개인의 능력이나 준비보다 소위 말하는 '운빨'이 중요합니다. 운칠기삼

이란 거죠. 그래서 어렵고 어려운 일이 정치고 특히 선출직으로 정치에 진출한다는 것은 대단한 작심이 아니고서는 쉽게 할 수 없는 일입니다.

이렇듯 정치는 참 쉬운 일이 아닙니다. 그런데도 우리 사회의 엘리트 집단이나 돈과 인기를 가진 사람들은 정치를 하지 못해서 안달입니다. 정치는 선출된 권력이 만들어가는 공적인 영역인지라 자신의 신념은 물론 가족관계, 학력, 직업, 재산(직계존비속까지), 전과 등 거의 모든 것을 공개 공유해야 하고 SNS에 남긴 과거의 행적 등 신변잡기까지도 다 털리게 되는 고달픈 과정입니다.

투자 대비 얻는 것은 그리 크지 않은데 왜 이리도 출마자는 넘쳐나는 것일까요. 올림픽은 3등을 해도 동메달을 줍니다. 아니 참가만 해도 많은 박수와 찬탄을 받습니다. 그러나 정치는 승자독식의 제로섬 게임입니다. 1등만 기억하는 더러운 세상이 정치입니다. 홀딱 벗고 싸우는 정글의 법칙이 지배하는 정치는 흡사 이종격투기보다 무서운 게임인지도 모르겠습니다.

사람들이 모든 것을 거는 이 게임에 열광하는 이유는 사람이 정말 정치적인 동물이기 때문일 것입니다. 인격적으로 참기 어려운 모멸도 참아야 하고, 국민의 욕이란 욕은 다 받아야 하지만 그래도 이런 3D업종에 가지 못해서 안달 난 분들이 많으니 우리 정치의 앞날은 밝기만 합니다.

저는 한때 정치인들의 미숙함과 미디어 등의 반反Anti정치 프레임 때문에 우리 사회의 정치혐오나 냉소를 걱정했지만, 사실은 정치 과잉의 시대에 살아가는 거 같습니다. 그리고 사람들은 말로만 정치를 희화하거나 얕보는 것 같지만, 투표율의 상승과 현명한 후보 선택, 견제와 균형의 가치 실현 등을 종합해 보면 시민 의식은 날로 성숙해지고 있는 것이 사실입니다. 그래서 대한민국의 미래는 밝다고 말할 수 있습니다.

정치는 말로 싸우는 것

우리는 투표를 통해 자신이 좋아하는 정치인을 선출합니다. 우리나라는 직접 보통 비밀투표를 통한 대의제 민주주의를 채택하고 있습니다. 물리적으로 거리에서 조폭처럼 싸우지 말고 의회에서 자신의 정치 노선과 철학을 가지고 싸우라고 뽑아주는 겁니다. 5천만 명이 거리에서 촛불을 들거나 태극기를 들면서 싸우지 않으려고 대표 선수를 뽑아서 국회에서 싸우라고 하는 건데요. 이런 걸 대의민주주의라고 합니다.

그런데 많은 국민이 국회에서 싸우는 것을 비난하곤 합니다. 물론 해머를 들고 문을 부수거나 국회의원을 감금하는 등 폭력적인 행태는 정치가 아니라 망치입니다. 그래서 국민이 "싸움 좀 그만하고 일 좀 하라"라고 꾸짖는 것이지요.

그러나 비조직된 국민은 평상시에 정당정치에 무관심하거나 무지합니다. 어떤 당이 그리고 어떤 정책과 제도가 자신의 이익과 권리를 대변해 주는지 판단하기를 귀찮아합니다. 그래서 왕왕 투표하지 않을 권리를 얘기하면서 기권하는 사람들도 있고 '그놈이 그놈'이라서 기권하겠다고 말하는 사람도 많습니다.

일면 이해되는 말씀이지만 현실 정치에는 최선의 정당과 최선의 후보가 없다는 데 있습니다. 진선진미한 정당과 후보는 책이나 상상에서만 있을 뿐입니다.

정치는 투표는 '최선'을 선택하는 게임이라기보다 안타깝지만 '최악'을 막는 것입니다. 최선이 없으니 차선을, 차선이 없다면 차악을 택할 수밖에 없는 현실의 서글픔을 인내해야만 합니다. 사람은 한 번에 한 걸음을 뗄 뿐 한 번에 열 걸음 백 걸음을 걷는 축지법을 쓸 수는 없는 것처럼 정치도 한순간에 일대 도약하기는 쉽지 않기 때문입니다.

하지만 국회에서 지방의회에서 만든 법과 조례는 우리의 생활과 삶에 미치는 영향은 무시할 수 없는 파괴력을 지니고 있습니다. 시민이 정치에 무관심하면 꼴도 보기 싫은 사람들이 지배하는 사회에서 살아가야 합니다. 가장 저급한 인간들이 빅브라더Big Brother가 되어 지배하는 사회가 되는 것이지요.

따라서 정치인들이 의회에서 토론하고 말로써 싸우는 것은 오히려 장려해야 할 일입니다. 다만 철학도 비전도 없이 다음 선거의 당선만을 위해 애쓰는 정치인, 특정 집단이나 이익단체의 거수기가 되어 국민의 권리를 팔아먹는 정치인은 선거에서 표로 심판해 주어야 합니다.

정책을 보고 뽑는다는 말의 허구

선거 시기 시민들의 인터뷰는 모범답안 일색입니다.
"지연이나 학연, 정당보다는 그 사람의 정책과 인물의 도덕성 등을 보고 투표하겠다."라는 답변 등이 그것인데요. 과연 그럴까요. 대다수의 사람들이 답하는 것은 교과서에나 나오는 순진한 얘기이자 자신을 기만하는 답변입니다. 그저 비난받지 않을 만큼의 모범답안을 얘기하는 거지요. 허구에 가깝습니다.

바둑에도 정석이 있고, 수학에도 정석이 있는데 선거에는 정석이 없을까요. 선거에도 정석이 있습니다. 침대가 과학이 아니라 선거가 과학입니다. 각종 여론조사 등 통계와 지표를 빼놓고 선거를 논할 수 없습니다. 여론 전쟁이라고 불릴 만큼 데이터의 영향력은 막강합니다.

선거의 정석에는 대략 다섯 가지 정도가 있습니다. 후보가 유권자에게 전달하려는 메시지, 선거를 치를 수 있는 돈과 데이터 등 물질적 정신적 자원, 캠프를 구성해서 일을 꾸려 나갈 수 있는 팀워크와 팀, 후보와 캠프 성원들의 리더십, 후보와 캠프

성원 후보와 유권자 간의 소통 등이 그것입니다.

그러나 사실 이러한 선거의 정석은 정상적인 후보와 캠프라면 기본적으로 갖춰야 할 조건이지만 선거의 3대 요소는 정당, 투표율 그리고 구도입니다. 이 세 가지가 선거에서 가장 중요합니다. 지금까지 대한민국에서 치러진 선거의 통계를 보면 승패는 정당과 구도가 80~95% 이상을 결정하고 투표율이 그 결과에 대못을 박습니다.

사실이 이러하다면 후보는 대략 5~20%의 영향력 정도밖에 발휘하지 못한다고 할 수 있습니다.

정당이나 투표율은 쉽게 이해가 되지만, 구도는 조금 복잡합니다. 구도는 쉽게 설명하자면 양자 대결이냐 3자 또는 다자 대결이냐 등을 얘기합니다. 예컨대 1997년 대통령선거에서 김대중 후보와 이회창 후보 양자 대결이었다면 이회창 후보의 승리가 유력했겠지만, 이인제 후보가 가세함으로써 3자 구도가 만들어졌고 결국 정권교체가 된 것이지요. 그래서 구도가 중요합니다. 구도에 의해 내 표가 결집하고 상대표가 분산되니 구도가 가장 유의미한 선거의 요소가 아닐 수 없습니다.

따라서 이것을 보면 정책과 후보를 보고 투표한다는 얘기는 그저 그렇게 되었으면 좋겠다는 바람에 불과하다는 것을 알 수 있습니다. 통계로 보면 국민의 절반 이상은 자기가 지지하는 정당이 있습니다. 그래서 일반적인 국민 다수는 일차적으로는 정당을 보고 투표하고 그다음에 후보를 보고 투표하는 게 현실에 가깝다고 할 수 있습니다. 물론 예외적인 흐름도 있고 지역주의적인 투표 양태도 배제할 수는 없지만 특별한 경우를 일반화하기에는 어려움이 따릅니다.

아직까지 한국 사회는 미국식 정당제도의 형태 즉 거대 양당체제에서 벗어나지 못했고, 이를 극복할 제3의 정치역량이 부족하기에 유럽식의 다당제로 가는 데까지는 한참의 시간이 필요하다고 보입니다. 하지만 시민의식이 성숙해지고 민도가 더욱 높아지면 선거의 흐름도 변화가 가능합니다. 정책과 인물을 보고 투표할 수 있는 그런 시대는 결국 시민 스스로가 만들어 내야 하는 고단한 숙제입니다.

정치에서 나타나는 관점과 입장의 차이

흔히들 관점과 입장이 중요하다고 하는데 관점이라는 게 무엇일까요. 바라보는 시각 즉 사물은 그대로 있지만 어떤 생각으로 바라보는가에 따라서 달라집니다. 입장은 상황과 처지라는 것과 큰 차이가 없는데요. 내 처지와 조건에 따라 객관적인 사물도 다르게 보이고 더욱이 그때그때마다 감정에 따라 세상도 다르게 파악됩니다.

객관적인 사물이라는 것도 아는 만큼 보이고 느끼는 만큼 달라지는 것이죠. 일례로 실연당했을 때의 바다의 파도를 보면 슬픔과 후회만 밀려오겠지만, 사랑하는 사람과 함께 보는 바다의 파도는 아름다운 자연 그 자체로 보이는 것처럼 말입니다.

전적으로 객관적으로 세계를 온전하게 파악하기란 거의 불가능에 가깝습니다. 직관과 무의식에 따라 그리고 상황과 느낌에 따라 그때마다 다르게 파악되기 때문입니다.

다시 말해 개개인의 관점과 입장에 따라 문제와 객관을 대하는 태도와 자세가 달라집니다. 이는 나와 남으로 나누거나 편을 가르는 것을 뜻하는 게 아니라 자기가 처한 조건과 처지에 맞게 정치도 경제도 사회 문화도 바라보는 혜안이 있어야 한다는 뜻입니다. 물론 대상인 타자 즉 상대를 있는 그대로 인정하는 게 중요한 포인트이긴 합니다.

우리나라의 정당에 대한 선호도 또는 투표 양태를 보면 크게 지역과 세대에 따라 뚜렷한 차이를 보입니다. 이번 총선에서도 강남, 서초, 송파라는 강남 3구에서 보여준 표심이나 영호남에서 보여준 유권자들의 투표 양태는 확연한 특징을 보여줍니다. 또 젊은 세대와 노령층의 투표 성향도 확연한 차이가 있습니다.
그런데 지역과 세대는 뚜렷한 특징을 보이는 반면 계급과 계층의 특징은 크게 나타나지 않습니다. 한마디로 자기의 이익과 권리를 대변하는 정당이 무엇인지 별 관심이 없거나 잘 모른다는 거지요.

우리나라의 노인층의 빈곤율은 OECD에서 가장 높은 편이고 이러한 이유 등으로 자살률 또한 최고이자 최악입니다. 그런데 이렇게 가난한 노인들이 노인복지와 혜택을 더 주는 복지와 분배를 우선하는 정당에 투표하기보다는 친기업과 성장을 우선에 두는 정당에 투표하는 경우가 많습니다.
우리 사회의 70대 이상의 어르신들이 이러한 투표 양태를 보이는 것은 이분들의 삶이 그만큼 가팔랐고 이분들이 경험한 바에서 기인합니다. 어르신들은 일제 강점기와 분단 그리고 6.25전쟁과 산업화 시대 등 질풍노도를 몇 번씩이나 겪은 세대입니다. 이분들이 겪은 전쟁과 가난의 경험은 저와 저의 세대가 겪은 민주화의 경험보다 더 무시무시하고 아프게 각인되어 있을 것입니다. 그렇기 때문에 노인들은 사회주의가 몰락한 시대에 살면서도 아직도 냉전의 사고를 쉽게 떨쳐 낼 수 없는 것입니다. 이러한 시각으로 보면 이분들의 투표 양태를 이해할 수 있습니다.

또한 가난하거나 학력이 낮은 계층에서 친기업 정책을 우선하는 정당에 투표하는 경우가 많은데 이는 자신이 처한 입장 즉 계급에 대한 이해의 부족에서 오는 경우라 말할 수 있습니다. 사회적 약자의 입장에서 보면 자신들에게 복지와 분배 혜택을 잘해 줄 정당을 지지해야 하는데 그렇지 않은 경우가 많은데 이를 계급의 배반이라고 합니다. 선거를 보면 계급의 배반 현상이 왕왕 나타나는데 이는 정치와 선거에서 관점과 입장이 얼마나 중요한가를 다시 한번 절감케 합니다.

우리 사회의 정당구조는 진보와 보수로 나뉘어 있지 않습니다.

형식적인 다당제 구조이지만 내용적으로는 거대 양당의 독점 체제입니다. 양당의 구성원 개개인은 다양한 스펙트럼이 존재하겠지만 당의 정체성과 정강정책을 보면 우파 보수냐 중도보수냐 정도의 차이일 뿐입니다. 양당의 노선이 대동소이함을 보여주는 대표적인 경우가 김종인 씨입니다. 김종인은 4년 전 총선에서는 더불어민주당의 선거대책위원장이었고 지금은 미래통합당의 선대위원장을 거쳐 비대위원장을 맡고 있습니다. 이것만 봐도 양당의 그다지 크지 않음을 알 수 있습니다.

그런데 우파 보수 진영에서는 중도보수정당을 좌파 빨갱이라고 규정하고 중도보수정당은 우파 진영을 수구 꼴통이라고 낙인찍습니다. 상대를 무엇무엇이라고 규정하는 것이 선거 캠페인에서 매우 중요한데 우리나라의 양대 진영은 낙인찍기는 잘하면서도 상대를 상대로서 인정하는 데는 인색하기만 합니다.

저는 보수와 진보의 가치 모두를 존중해야 한다고 봅니다. 보수의 가치는 안정적이고 편안합니다. 진보의 가치는 변화를 두려워하지 않는 용기를 줍니다. 우리 사회가 보다 더 건강해지려면 좌우와 보혁保革이 균형을 갖추어야 합니다. 어느 한쪽이 비대하거나 왜소한 것은 기형적인 형태죠.

우리나라에서 우파는 주로 자유의 가치와 공화를 좌파는 평등의 가치와 공동체를 중요하게 여기는데 이러한 가치는 진영을 떠나 모두 소중하고 존중되어야 합니다. 좌파는 정의라는 불로 자유를 불태워서는 안되고, 우파는 자유라는 무기로 평등을 단죄해서는 안 될 것입니다.

좌파의 이상과 우파의 현실감각이 적절히 수용되고 결합될 때 정치와 사회의 시너지가 발생합니다. 좌우는 극복의 대상이 아니라 서로 포용하고 상생의 가치로 함께 경쟁해야 하는 비적대적 관계입니다. 새는 좌우의 날개로 나는 것 같지만 사실은 온몸으로 날고 있습니다.

지금의 시대정신은 좌우의 진영논리가 아닌 세계로 열린 민주주의 즉 '개방'의 자세와 구동존이求同存異 즉 같은 것은 구하고 다른 것은 존중한다는 포용의 태도로 다양성을 인정하는 '통합'의 가치를 실현해야 합니다. 좌파와 우파, 자유주의자, 공화주의자, 공동체주의자 그 어떠한 이름을 붙이든 우리 모두는 대한민국이라는 한배에서 함께 여행하는 동반자들입니다.

다시 민주주의

민주주의는 영어의 데모크라시Democracy로 그리스어의 데모크라티아 Democratia에서 나왔습니다. 이 말의 뜻은 아티카(아테네가 세워진 지역이름)의 데모스demos에 의한 지배를 의미합니다. 원래 데모스는 도시의 거주민인 아고로스에 대응하는 집단으로 도시 변두리의 거주민이었습니다.

하지만 점차 'demos'는 도시 주민까지도 포함해 지칭하는 개념이 되었습니다. 민주주의가 무엇인지 논하려는 사람은 그리스로 돌아갑니다. 아테네라는 폴리스를 순례하는 것이지요. 민주정이 처음으로 시작됐다는 아테네, 이곳에서 우리가 잘 아는 소크라테스라는 철학자가 독배를 마셨습니다. 2,500년 전의 일입니다.

아테네라는 게으르고 덩치 큰 황소의 어리석음을 깨우치고자 기꺼이 등에(쇠파리)가 되고자 했던 소크라테스는 아테네 시민들에게 껄끄러운 존재였습니다. 매일같이 젊은이들을 가르치고 비판적으로 사람들을 깨우쳤습니다. 시민들은 귀찮아졌고 그를 고발합니다.

배심원 500명 중에 평결은 280명이 유죄를 220명이 무죄를 내렸지요. 30표의 부족으로 그러나 아주 민주적인 방식과 결정으로 소크라테스는 유죄를 선고받고 죽음을 받아들였습니다. 악법도 법이라면서 말이지요. 사실은 '이제는 떠날 시간 나는 죽으러 그대들은 살러 떠날 시간'이라며 말입니다. 귓가에는 그대들은 그대들의 길을 가라. 나는 나의 길을 가겠다는 고집스러운 소크라테스의 목소리가 들리는 듯합니다.

민주주의라는 것은 인간이 발명한 위대하고 아름다운 정치체제이지만 완전체가 아니고 거대한 실험 중이고 계속 발전시켜야만 하는 골치 아픈 숙제입니다. 그뿐만 아니라 늘 위험과 불안이 도사리고 있습니다. 민주시민교육이 지속적으로 진행되지 않거나 국민들 스스로가 깨어있지 않으면 집단지성은 사라지고 플라톤의 우려가 아닐지라도 중우정치衆愚政治가 될 수도 있고, 코로나19 사태에서 본 것처럼 정부-정치권력이 개인과 시민을 쉽게 통제할 수 있으면 또 다른 전제정치가 나타날 수도 있습니다.

히틀러와 같은 시대의 전쟁광이 다시 나오지 말라는 법도 없습니다. 히틀러는 뮌헨 봉기 실패 이후 감옥에서 그럴싸한 이데올로기를 만들었습니다. 히틀러 특유의 선전 선동으로 '국가사회주의독일노동자당'(Nazi나치)을 만들고 선거로 당당하게 집권을 했습니다. 히틀러는 유대인을 박테리아로 규정하고 6백만 명을 학살하는 홀로코스트 즉 인종청소를 했습니다. 2차 세계대전을 일으켜서 인류에게 참혹한 범죄를 저질렀습니다. 히틀러를 경험한 독일은 사민당 등 좌파정당이나 기민당 등 우파정당 가리지 않고 자국은 물론 개발도상국이나 제3세계에도 민주시민교육에 많은 재정과 인력을 투자하고 있습니다. 회의하지 못하고 저항정신이 거세된 시민들의 선택이 부른 화가 너무도 참담했기 때문입니다.

저는 20대 후반에 독일 프리드리히 나우만 재단의 후원을 받아 지방자치 아카데미에 참가했는데요. 그때 강사로 참여했던 분들은 노무현, 김두관, 권영길 등 이었는데 이분들은 이후 한국 정치사의 한 획을 그었습니다. 요즘에 드는 생각은 식민과 분단의 최빈국에서 반세기만에 이룬 산업화 민주화의 성취는 기적과도 같은데요. 이 정도면 우리나라의 민주주의를 가난하고 힘겨운 제3세계나 어려운 나라에 민주주의를 수출해야 할 때가 된 듯합니다. 한글과 한류를 수출하듯 말입니다.

앞에서 말한 것처럼 우리나라도 30년 전까지만 해도 군부 엘리트가 집권했습니다. 박정희-전두환-노태우로 이어지는 군부의 집권은 대략 30년입니다. 이들은 총칼을 앞세워 쿠데타로 집권을 하고 간접선거를 통해 체육관에서 대통령을 선출했습니다. 국민이 대통령을 직접 선출하게 된 것은 1987년도부터 가능하게 되었으니 민주주의라는 것이 참 어려운 일입니다.

2500년 전 만들어진 민주정을 우리는 지금 재사용합니다. 도시국가 폴리스에서 행해지던 직접민주주의를 국가 단위에서 사용하기에는 쉽지 않아 대의민주주의 즉 간접민주주의를 사용합니다. 너무도 오래된 정치형태가 죽지 않고 부활해서 지금까지 쓰인다는 것은 민주주의라는 것이 참 위대한 제도라는 것을 반증하기도 합니다.

다시 민주주의를 얘기해야 하는 이유는 소크라테스 때문도 아니고 플라톤 때문도 아닙니다. 계급과 계층 성별의 차이, 학력과 재산의 유무를 떠나 모든 국민은 주권자가 되었기 때문입니다. 헌법 제1조 1항의 표현대로 대한민국의 주권은 국민에게 있고 모든 권력은 국민으로부터 나오지만 권리만이 아닌 책임과 의무를 잊어서는 안된다는 뜻입니다. 우리가 대한민국을 선택해서 태어난 것은 아니지만 대한민국의 대통령과 정치인 그리고 정당을 선택해서 뽑을 수 있습니다. 자신이 선택한 이상 그리고 공동체의 룰로 선출된 권력에 대해서는 인정하고 비판할 수 있어야 할 것입니다. 이것이 성숙한 민주 사회를 만드는 민주시민의 역할이고 책임입니다.

"영웅은 천하를 정복하지만 자기를 정복하지 못하고, 성현은 천하를 정복하지 않고 자기를 정복합니다. 영웅은 자기의 번뇌를 남에게 짊어지게 하지만 성인은 천하 사람의 번뇌를 스스로 짊어집니다."

지금은 영웅과 성현의 시대가 아니라 국민국가의 시대입니다. 개미들의 시대이죠. 국민 한 사람 한 사람이 권력을 시장을 사회를 바꿀 수 있는 시대가 되었습니다. 우리는 영웅도 성현도 아니지만 대한민국의 주권자입니다. 투표부터 시작해서 권력에 대한 비판과 감시, 그리고 작든 크든 애정과 대안을 제시하는 성숙한 시민 의식이 필요합니다. 권리를 행사할 때는 사회주의적으로 최대화하려 하고 의무에는 자본주의적으로 최소화하려는 개인주의를 넘어서야 합니다. 우리 국민이 이번 코로나 19 사태에서 보여준 것처럼 공동체와 이웃에 대한 배려와 성숙한 민주시민의 자세를 정치에서도 보여줘야 합니다. 대한민국의 주권자이자 시민인 우리는 이제 다시 민주주의를 얘기하고 노래해야 합니다. 타는 목마름으로가 아닌 이젠 삶과 생활 속에서 말이지요.

인문학은 가난한 학문이 아니라 가난을 극복하고 부자로 만들어주는 학문입니다. 아니 물질적 부뿐만이 아니라 정신까지 풍요롭게 만들어 줄 수 있는 매력적인 학문입니다. 사마천의 말처럼 "가난하고 천하게 살면서 입만 열면 인의仁義를 말하는 사람은 참으로 부끄러운 자"일 수밖에 없습니다. 진정 인문학을 공부한다면 부자가 되는 것을

부끄럽게 여기지 말아야 합니다.

5장.
인문학과 돈 그리고 경제

인문학에 대한 오해-인문학은 가난한 학문?

우리가 인문학을 대하면서 하는 오해 가운데 한 가지는 인문학은 배고픈 학문 즉 가난한 학문이라는 것입니다. 인문학은 왠지 현실에서 한 발자국 떨어져 있다는 선입견 때문입니다. 물론 물질적 관점에서만 보면 인문학이 돈이 되지는 않을 수도 있습니다.

하지만 인문학은 사람다움의 학문이고, 사람을 자유롭고 행복하게 하는 학문이기에 사람의 삶과 뗄 수 없는 것이 인문학입니다. 사람은 생각만으로 정신만 가지고 살 수 없습니다. 사람이 생존하려면 풍요까지는 아니더라도 최소한의 물질적 조건이 필요합니다. 하다못해 공기 없이 우리 인간은 단 몇 분도 살 수 없고, 물 없이는 며칠도 버틸 수 없습니다.

이렇듯 물질은 생존의 필수적인 기본 조건이기에 물질을 무시하면서 살아갈 수 없습니다. 다만 물질에만 의존하고 지배당한다면 인생은 비참해집니다. 그렇기 때문에 물질적 조건과 가치와 정신적 조건과 가치가 조화를 이루어야 한다는 것이지요.

20대 후반 낭만적 재야 활동가였던 저는 어떻게 살 것인가를 한참을 고민하다가 내린 작은 결론이 '자발적 가난'을 통한 행복한 삶의 추구였습니다. 자발적 가난을 통해 자발적 행복을 찾기로 한 목표가 잘못된 것은 아니었지만, 돌이켜보면 정말 자발적이지 못한 가난과 정말 풍요롭지도 못한 어정쩡한 삶을 살았습니다. 가난을 합리화를 위한 그럴듯한 논리만을 갖고 논 것이지요. 여튼 조화로운 삶은 참 어렵기만 합니다. 지금도 가난하면 마르크스가 궁핍한 처지에서 자본론을 쓸 때 그의 아내가 "자본에 대해서 글만 쓰지 말고 제발 자본을 벌어오라."라고 했다는 에피소드가 생각나는 걸 보니 가난은 쉽게 떨치기 어려운 마구니인가 봅니다.

여하튼 사람이 행복하고 자유롭게 살려면 물질적 조건이 중요
합니다. 논어 자로 편을 보면 사람이 많아진 마을을 지나면서
무엇을 해야 하는지를 제자들이 묻자 공자는 "가르치려면 먼
저 부자가 되게 하라."라고 '선부후교先富後敎'를 말합니다. 먼
저 부유하게 하는 것이 중요하고 그런 연후에야 비로소 가르칠
수 있다는 말씀입니다. 참으로 현실적인 말씀이자 인간의 본성
을 잘 파악한 통찰력이 깃들어 있습니다. 행복의 조건인 물질
적 풍요가 먼저 갖추어져야 예의와 인문정신을 가르칠 수 있다
는 얘기입니다.

또 논어 학이 편에 이런 구절이 나옵니다.
자공이 "가난하면서도 아첨함이 없으며, 부유하면서도 교만함
이 없으면 어떠합니까?"라고 묻습니다.
공자께서 말씀하셨다. "좋은 말이다. 그러나 가난하면서도 즐
거워하며, 부유하면서도 예를 좋아하는 것만은 못하다. (貧而樂
빈이락 富而好禮부이호례)"라는 대목을 보면 공자의 가난과 부
에 대한 고명하고 기품 있는 관점을 읽을 수 있습니다.
공자학단이 14년간 중국 천하를 주유하면서도 버틸 수 있었던

배경에는 자공의 재력의 후원이 있었기에 가능했습니다. 오월 동주의 주인공이자 당대의 가장 뛰어난 장사꾼이었던 단목사端木賜 자공子貢의 재력이 공자와 그의 학단을 있게 만들었습니다. 자공의 재력이 밑바탕 되지 않았다면 공자의 학문적 성취도 가능하지 않았을 것입니다. 이를 보더라도 물질적인 조건이 얼마나 중요한지를 알 수 있습니다.

관자管子-관중-는 '무릇 나라를 다스리는 길은 무엇보다 먼저 백성을 부자로 만들어주는 데 있다.'라며 백성이 부유해져야 예절을 알게 된다고 했습니다. '곳간에서 인심 난다.'라는 우리 속담처럼 사람들은 물질적으로 넉넉해져야 행복을 추구해 나갈 수 있다는 것입니다.

간디의 말처럼 하루에 두 끼조차 먹기 힘든 사람들에게 신은 빵의 모습으로만 존재하는 것처럼 물질적 조건이야말로 사람이 사람다운 삶을 살기 위한 가장 기본적인 조건입니다.

물질적 풍요 없이 정신적 성숙과 인간의 행복이 가능할 수 없기에 우리는 돈과 부 경제 등 물질적 기치에 대한 올바른 인식을 가질 필요가 있습니다. 더욱이 자본주의 사회에서 자본에 대한 자신만의 관점과 입장이 없다면 세상 살아가기가 참 어렵습니다.

인문학은 가난한 학문이 아니라 가난을 극복하고 부자로 만들어주는 학문입니다. 아니 물질적 부분만이 아니라 정신까지 풍요롭게 만들어 줄 수 있는 매력적인 학문입니다. 사마천의 말처럼 "가난하고 천하게 살면서 입만 열면 인의仁義를 말하는 사람은 참으로 부끄러운 자"일 수밖에 없습니다. 진정 인문학을 공부한다면 부자가 되는 것을 부끄럽게 여기지 말아야 합니다.

물욕에 빠져 정신을 타락시킬 정도만 아니라면 부를 위한 욕망은 인류의 진보를 위해서도 꼭 필요한 욕구일 수밖에 없습니다. 부처도 말씀했듯 가난한 고통이 가장 큰 고통이기에 행복을 위해 가난을 극복하고 부를 창출하려는 노력은 너무도 당연한 인간의 권리입니다.

다만 가난하게 살지라도 그 가난을 받아들이고 즐길 수 있다면 가난은 병이 될 수 없습니다. 훌륭한 정치가였지만 청빈한 율곡 이이의 경우는 죽어서 입을 수의조차 없었습니다. 판서까지 한 사람이 죽어서 입을 수의마저 빌려 입고 장례를 치렀지만, 백성과 후세는 율곡 이이를 부끄럽게 여기지 않습니다. 가난한 삶을 살았지만 부끄럽지 않게 살았고 혁혁한 학문적 성취를 남긴 율곡 이이야말로 빈이락貧而樂의 표상이라고 할 수 있겠지요.

돈은 최강의 군대?

셰익스피어는 "돈은 최강의 군대이다. 지금까지 단 한 번도 패한 적이 없다."라고 했습니다. 예리한 통찰입니다. 셰익스피어가 살았던 400년 전에도 그랬다면 지금은 물어 무엇하겠습니까?

선배 인류가 남긴 대건축물인 피라미드와 만리장성이라는 것도 제국에 돈이 없었다면 가능하지 않았을 겁니다. 수많은 노동력과 그 노동력을 부릴 수 있는 막대한 자본이 없었다면 불가능한 역사를 돈은 해냈습니다. 과거는 물론 현재에도 돈은 막강한 영향력을 행사합니다.

사마천은 사기 '화식열전'에서 이렇게 말합니다.

"사람은 자기보다 재산이 열 배 많은 자를 만나면 욕을 하고, 백 배 많은 자를 만나면 두려워하고, 천 배 많은 자를 만나면 고용 당하고, 만 배 많은 자를 만나면 노예가 된다. 그게 사물의 이치다."라고 말입니다. 어쩌면 이렇게 돈의 힘과 사람의 나약함을 이치에 맞게 리얼하게 표현했는지 기가 막힐 따름입니다. 그러나 사마천 본인도 장군 이릉을 변호하다가 한무제 유철의 노여움을 사서 선비로서는 죽음보다도 치욕스럽다는 성기가 잘리는 궁형을 당하게 되는데요. 당시에 사마천이 궁형을 당하지 않을 수 있는 유일한 방법이 있었습니다. '돈 50만 전'을 바치면 궁형을 면할 수 있었는데 사마천은 결국 50만 전의 돈이 없어 궁형을 당하게 됩니다. 그러니 사마천이 돈에 대해 얼마나 큰 교훈(?)을 얻었겠습니까?

현대에는 정치권력보다 시장 권력·자본 권력이 더 지속적이고 강력한 힘을 발휘하고 있다고 봐도 무방합니다. 일례로 우리는 삼성가家, 현대가, LG가 등으로 재벌 가문을 표현합니다. 박정희가家, 김대중가, 노무현가 이렇게 부르지 않습니다.

불과 100년 전, 아니 수십 년 전만 해도 명문가는 학문과 정치적인 성취를 이룬 가문을 뜻했는데 지금은 재벌 정도는 되어야 'OO가문' 소리를 들을 수 있습니다. 그만큼 재벌의 힘 즉 자본의 힘이 세졌다는 것을 의미하고, 그래서 재벌이 되기를 원했던 이명박 씨같은 사람은 재벌이 되기 위해 대통령을 하지 않았나 생각되기도 합니다.

인간사에 있어서 돈은 너무도 중요한 것이 되었습니다. 공자도 가장 중요한 것은 부富와 위位라고 말씀했는데 재력과 지위가 있어야만 백성을 편안케 하고 나라를 안정시킬 수 있다고 믿었기 때문입니다.

피츠 제럴드의 소설 '위대한 게츠비'를 보면 이런 구절이 나옵니다. "돈이 인생의 전부는 아니잖아요?"라는 물음에 게츠비가 답합니다. "있는 자에게는 그렇겠지요."라고 말입니다.

이처럼 돈이라는 것은 사람들에게서 너무나 중요한 것이 되었고 또 어떤 사람은 전부라고 생각할 수도 있습니다. 돈이 전부라고 생각하는 사람에게는 돈이 최종의 목적지이기 때문에 지름길로 가는 것을 허용하게 되는데 그것은 결국 사기가 가능한 삶 돈을 숭배하는 배금주의拜金主義로 인생을 이끌 뿐입니다. 돈에 빠져서 물신에 정신을 빼앗긴다면 소설 속의 게츠비처럼 과거를 살다가 거품처럼 꺼져버릴 뿐입니다.

돈은 너무도 중요해졌습니다. 오죽하면 지금의 시대를 자본주의 시대라고 하는 걸까요. 돈이 중요해진 만큼 돈에 대한 자신의 철학이 있어야 합니다. 돈에 대한 입장과 관점이 자신의 가치관과 인생관을 결정한다고 해도 과언이 아닙니다.

필요만큼 벌고 필요만큼 쓴다든가 능력만큼 벌고 필요만큼 쓴다든가 하는 식의 수입과 지출에 대한 입장과 노동과 일에 대한 관점이 중요합니다. 지금이 물물교환의 원시 경제시대가 아닌 이상 자신의 힘과 지혜로 어떻게 재화를 모으고 쓸 것인가를 결정하는 것은 매우 중요합니다.

일과 노동에 대해서도 마찬가지입니다. 우리는 일과 노동을 거의 같은 뜻으로 별다른 구분 없이 사용합니다. 하지만 일은 삶의 재미와 의미를 찾는 것으로 이해하면 쉽고, 노동은 먹고살기 위해 하는 일로 생각하면 이해가 빠릅니다. 때문에 일과 노동이 적절히 균형을 이루면 삶(인생)과 생활(살림)도 조화를 이룰 수 있게 됩니다.

돈의 경우 어떻게 버는 것보다 어떻게 쓰는가가 어렵고, 더 어려운 것은 '가치'있게 쓰는 일입니다.

미국의 철강왕 데일 카네기는 부의 복음에서 '부자인 상태로 죽는 것이 가장 치욕스러운 죽음이다.'라고 말했습니다. 카네기는 의식 있는 자본가이자 노블레스 오블리주noblesse oblige를 보여준 삶을 산 전형적인 인물입니다. 그는 철강 산업을 통해서 엄청난 부를 축적한 자산가였지만 자신이 번 돈 대부분을 사회에 기부했습니다. 죽을 때까지 미국의 전역에 2,500개가 넘는 도서관을 지은 카네기가 있었기에 오늘날 미국이 세계 최강대국이 될 수 있었다고 해도 과언이 아닙니다.

잘 아는 것처럼 알프레드 노벨 Alfred Nobel은 다이너마이트를 발명해서 전문용어로 '때 돈'을 벌었습니다. 그런데 어느 날

신문에 '죽음의 상인이 드디어 죽었다.'라는 제목의 노벨 부고 기사가 났습니다. 기자가 노벨의 형이 죽음을 노벨이 죽은 것으로 잘 못 알고 쓴 기사였습니다. 노벨은 자신을 '죽음의 상인'으로 보는 사회적 시선에 충격을 받았습니다. 이후 노벨은 다이너마이트로 번 돈 전부를 인류의 평화를 위해 쓰겠다고 다짐했고 노벨상을 제정하고 자신이 번 돈을 사회에 기부했습니다. 이제 사람들은 노벨을 '죽음의 상인'으로 기억하지 않고 위대한 발명가이자 위인으로 기억합니다.

옛 속담에 개처럼 벌어서 정승같이 쓴다는 말이 있습니다. 개처럼 벌어서 개처럼 쓰는 경우가 허다한 천박한 자본주의 사회에서 우리는 살아갑니다. 사람답게 벌어서 사람답게 쓰는 게 우리와 같은 생활인들의 통속적인 바람이지만 그게 참 쉽지 않습니다.

우리가 다 재벌처럼 될 수도 없고 그렇게 되어서도 안 되겠지만, 문제는 적고 많음의 문제가 아니라 그 마음 씀씀이에 따라서 돈의 가치는 달라집니다.

빌 게이츠와 그의 아내 멜린다가 '빌-멜린다 재단'을 통해 천문학적인 돈을 사회에 기부하는 것보다 어쩌면 우리 평범한 시민한 명 한 명이 단돈 천 원, 만 원이라도 기부하거나 사회와 사회적 약자를 돕는 일에 쓰는 마음이 더욱더 큰 가치가 있습니다. 금액과 규모 면에서 빌 게이츠나 워렌 버핏과 같은 자산가들이 기부하는 것에는 미치지 못할지라도 촛불 하나하나가 천민자본주의의 문화를 바꾸고 자리이타自利利他의 정신을 전파할 수 있기에 더욱 소중한 가치를 만들어 낸다고 볼 수 있습니다. 오늘날 민주주의가 1 Dallar 1 Vote-1원 1표-라는 사실을 포기하면 우리는 가진 자들의 노예가 되고 맙니다. 돈에 인문정신을 불어넣을 수 있는 힘은 먼 곳에 따로 있지 않습니다.

'빈자貧者의 일등一燈'이라는 말이 있습니다. 가난한 자가 보시 공양한 작은 등불 하나가 무엇보다도 소중하다는 말인데요. 가진 자들의 수많은 화려한 등불보다 너와 나의 평범한 촛불 하나하나가 고귀한 법입니다. 한점의 불씨가 광야를 사르듯 시민 한 사람의 기부문화가 사회의 변화와 '인간의 얼굴을 한 자본주의'의 문을 열어 줄 열쇠가 될 수 있기 때문입니다.

최강의 군대라는 돈!

그렇지만 세상에는 우리가 생각하는 것보다 강한 군대도 처음부터 존재한 것은 아니었습니다. 다만 많은 이들이 우상처럼 숭배했을 뿐입니다. 돈을 좇아가든 돈을 터부시하든 상관없이 돈은 자체로 가치 중립적이지만 사용하는 사람의 입장과 관점에 따라 그 쓰임과 가치가 달라집니다. 돈은 개개인의 경제생활은 물론 나라와 세계의 혈관에 흐르는 피와 같아서 부족하면 빈혈이 오고 과다하면 코피를 쏟는 등 부작용이 생깁니다.

간략하게나마 돈에 대해 얘기해 봤습니다. 이제 돈에 대한 자신만의 입장을 세워야 합니다. 돈에 자신의 철학과 인생관을 세워 가난해도 부끄럽지 않고 부유해도 교만하지 않은 삶을 살아가는 모습이 필요하겠습니다.

돈의 과학, 경제

동양에서는 경제를 경세제민經世濟民의 약자로 이해합니다. 세상을 다스리고 백성을 구제한다는 뜻인데 참 어려운 얘기입니다. 예나 지금이나 세상과 백성을 이야기하는 것은 무거운 주제입니다. 하지만 어렵다고 피해 갈 것도 아니고 무겁다고 도망칠 수도 없습니다. 사람이라면 누구나 숨 쉬고 밥 먹고 잠자고 대소변을 보는 생물학적인 활동을 하듯 인간 모두는 지역과 규모를 떠나 생산과 소비를 하는 경제활동과 경제생활을 하고 있기 때문에 경제를 벗어날 수 없습니다.

모두가 경제활동과 경제생활을 하지만 경제에 대해서 정의를 내리거나 자신만의 관점을 가지고 이렇다 저렇다 말하기는 매우 어렵습니다. 다만 단순하고 쉬운 방법이 있는데 그것은 '내가 발 딛고 있는 현실 세계와 생활을 통해 경제를 이해하는 것'입니다.

아무리 저명한 이론과 학문이 있다고 해도 그것을 통해 우리와 같은 평범한 시민들이 경제를 이해하는 것은 쉬운 일이 아닙니다. 대충 열거만 해도 원시공산제, 노예제, 봉건제, 자본제로 이어지는 경제사와 고전주의, 신고전주의, 자유주의, 신자유주의 등 경제사상을 이해하는 것조차 일반인에게는 복잡한 일일 수밖에 없습니다.

하지만 전체는 부분의 총합이기 때문에 부분 부분을 엮어나가다 보면 어렴풋하게나마 전체를 이해하게 됩니다. 나무 하나하나가 숲은 아니지만 나무들의 집합이 숲이기 때문입니다.

'내가 발 딛고 있는 현실 세계와 생활을 통해 경제를 이해하는 것'이라는 말은 내가 일하는 일터와 내가 벌어들이는 수입 그리고 내가 내는 세금과 공과금, 내가 소비하거나 구매하는 상품 등에 대해 고민하다 보면 세계가 모두 연결되어 있음을 알 수 있게 된다는 뜻입니다. 결국 경제라는 것을 생활에서 접목시켜서 생각하다 보면 한결 쉽게 이해할 수 있다는 의미겠습니다.

조금 더 구체적으로 얘기해 보면 '돈에 대한 과학이 경제'라고 이해해보면 쉽게 경제에 대해 접근할 수 있습니다. 물론 돈을 단순한 화폐로 보는 것은 아닙니다. 원론적으로 돈은 경제의 모든 것이 아니며 경제의 부분에 불과합니다. 하지만 돈을 떠나 경제를 얘기하는 것은 핵심 없이 겉도는 공염불과도 같습니다. 따라서 우리가 전문가가 아닌 이상 우리에게 가장 친숙한 돈을 통해 경제를 이해하는 게 어쩌면 경제를 이해하는데 가장 쉬운 길일 수도 있습니다.

우리는 돈을 벌거나 돈을 쓰거나 하면서 경제활동에 입문합니다. 대다수의 사람이 경제활동의 첫걸음을 돈을 통해서 한다는 의미입니다. 그렇기 때문에 돈은 경제를 이해하는데 좋은 출발점이 될 수 있습니다.

사실 지금의 사회를 자본주의라고 말하는 것도 자본이 가장 중요하기에 붙여진 이름이고, 자본주의의 주축이자 상징인 돈을 떠나서 경제를 상상하거나 이해하기는 쉽지 않습니다.

기업이 돈을 벌기 위해서는 공장과 땅이, 개인이 돈을 벌기 위해서는 직업과 노동이 필요합니다. 돈을 쓰기 위해 서비스와 상품이 필요합니다. 돈을 걷는 방법으로 세금이, 세계와 소통해서 돈을 벌거나 돈을 쓰는 방법으로써 무역이 필요합니다. 이러한 과정과 흐름을 엮어 보면 이런 게 경제구나 하는 생각을 할 수 있게 됩니다. 돈을 통해 세계를 조금이라도 파악할 수 있다면 돈의 과학이 경제라고 해도 그다지 틀린 말은 아니지 않을까요. 다만 우리가 천민자본주의 사회를 살아간다지만 천민일 수는 없어야 하고 또 천민이어서도 안됩니다. 그러려면 자본과 돈을 이해함에 있어서 인문학적 관점 즉 '사람 중심'과 '사람다움'의 가치를 잊어서는 안 될 것입니다.

경제적으로 산다는 것

정치하는 사람에게 (너무) 정치적이라는 말이 욕이 되지만 자본주의 사회를 살아가는 사람에게 경제적이라는 말은 그다지 나쁘게 받아들여지지 않습니다. 실례로 1992년 미국 대통령 선거에서 빌 클린턴의 선거 슬로건은 '바보야! 문제는 경제야 (It's the economy, stupid)'였습니다. 가장 정치적인 선거에서 가장 비정치적(?)인 경제 슬로건으로 선거에서 승리했습니다. 정치인의 비전도 혁신정치나 대안정치 등 정치적인 담론이 아니라 경제적 비전에 대한 대중의 욕구를 수렴하여 제시할 때 성공할 수 있음을 보여준 예라고 할 수 있습니다.

경제경영 영역은 말할 것도 없고 정치 영역이든 문화예술 영역이든 경제를 빼놓고 접근하기는 쉽지 않습니다. 정치도 기본적으로 돈이 있어야 하고, 문화예술도 돈을 떠나서 논하기 어렵습니다. 정치는 고비용 저효율의 대표적인 직종입니다. 현대사회인 지금까지도 다수의 문화예술인들은 생계를 걱정하는 상황입니다. 미국의 대선후보가 되기 위한 가장 기본적인 역량은 후원금을 많이 모으는 것입니다. 트럼프가 대통령이 된 것도 그의 압도적인 자산에 기인한 바가 큽니다. 수많은 명작을 남긴 고흐의 경우만 봐도 모델료가 없어서 우체부를 그리고 자화상을 그렸으며 거의 평생을 가난과 고독에 시달려야만 했습니다.
아무리 고상한 가치도 아름다운 이상도 경제가 뒷받침되지 않고서는 이뤄내기가 어렵습니다. 그만큼 경제가 삶과 생활에서 차지하는 비중은 막대하기만 합니다.

거의 20년 전 즈음에 유행한 어느 카드회사의 광고는 '모두 부자 되세요!'였습니다. '복 많이 받으세요'라는 덕담이나 'OO 믿는다. OO 사랑해'라는 등의 응원 메시지는 어느새 '부자'라는 한마디에 힘을 잃었습니다. 한 십 년 전부터는 한술 더 떠 '대박 나세요'라는 말이 대세이자 유행입니다.

한번은 지인의 개업 집에 갔는데 축하 화환에 적혀있는 문구 절반 이상이 '대박 나세요'라는 거였고, 조금 특이한 것은 '돈 세다가 잠드세요'라는 것이었습니다. 오죽했으면 민족의 숙원인 통일에 대해서 대통령이라는 사람(박근혜)이 '통일은 대박'이라고 말했을까요. 이 정도면 대박이라는 말이 세긴 센가 봅니다. 보다 더 자극적이고 섹시한 말을 쓰는 게 대세인 시대에 부자와 대박이 가져온 단면입니다. 하여튼 거의 모든 사람은 경제적으로 나아지기를 바라고 부자가 되고 싶어 하나 봅니다.

경제는 모든 것의 학문일 수는 없지만 거의 모든 것에 조미료처럼 쓰이고 있습니다. 정치와 경제는 사회를 운영하는 데 있어서 마치 자전거의 앞바퀴와 뒷바퀴처럼 작용합니다. 정치라는 앞바퀴는 시장보다 더 큰 나라의 살림을 하고 시민의 안녕과 재산을 지켜주는 일을 합니다. 경제라는 뒷바퀴는 생산과 노동을 통해 서비스와 상품을 만들고 제공하는 등 국민의 삶을 지원하고 시장을 조직합니다. 그래서 정치와 경제는 따로 존재할 수 없고 경제의 총합이 정치이고 정치의 정책과 방향이 경제와 시장의 시스템에 영향을 줍니다.

저는 개인적으로 정치는 조금 더 경제적이어서 효율을 높이고 성장과 분배의 선순환적인 역할을 강화해야 하고, 경제는 조금 더 근본적인 정치적인 논쟁을 통해 자본의 증식 등 이윤의 극대화보다 노동진영과의 상생과 연대 그리고 기술의 혁신을 통한 일자리 창출 등으로 사회와 인류의 진보에 기여해야 한다고 믿는 편입니다.

흔히 쓰는 경제적이라는 말은 '합리적이다' '효율적이다'라는 말과 크게 다르지 않습니다. 경제를 합리 또는 효율과도 혼용해서 써도 이해하는 데 어려움이 없습니다. 이처럼 경제적이라는 말은 합리적이고 효율적이라는 말로 쓰이고 있습니다.

우리는 일상생활에서 경제적이라는 말을 입에 달고 쓰는데 '경제적으로 살아라'라는 말은 '효율적으로 살아라'라는 말과 다르지 않습니다. 우리가 좋아하는 스포츠에서도 경제를 끌어다 사용하는데요. 경제적인 축구, 경제적인 야구를 한다는 표현 등이 그러한 예일 수 있습니다. 몇 분 뛰지 않고서도 골을 넣거나 공 한두 개로 타자를 아웃시킨다면 그러한 것들을 경제적인 축구나 경제적인 야구라고 부르는 것이지요.

스포츠에서도 이러할 진데 생활의 모든 영역에서 경제적이라는 말이 무시로 쓰이고 있는 게 당연합니다. 하지만 경제적인 소비, 경제적인 활동, 경제적인 학습 등등 수많은 '경제적'이라는 말속에는 과연 사람이 있기나 있는 걸까요. 자본주의 사회이니 생활은 경제적으로 할지라도 인생이라는 긴 동선을 경제적으로만 산다는 것은 슬픈 운명은 아닐까요.

저는 경제라는 것도 사람을 먼저 생각하는 경제적이어야 한다고 생각합니다. 함께 가는 경제여야 하고, 저녁이 있는 삶처럼 여가가 있는 경제야 하고, 조금 더디 가더라도 사람을 먼저 생각하는 사람의 얼굴을 한 경제여야 하겠지요. 여기에서 조금 더 나아가 자연과 생태를 정복과 개조의 대상으로만 바라보는 시각을 바꿔 친자연 친생태를 고민하는 느린 경제로의 패러다임의 전환이 필요하다고 봅니다.

넘쳐나는 경제와 합리라는 우상偶像 때문에 인간의 삶은 한숨이 넘쳐나는 팍팍하고 고단한 일상을 반복합니다. 이제는 사람이라는 인문의 낯과 생태의 빛으로 토닥여줄 필요가 있겠습니다. 경제적으로 치열하게 살면서 재산과 부를 축적하는 것보다 욕망을 줄여 인생을 행복하게 만들어 내는 삶이야 말로 진정으로 지혜로운 삶이 아닐까 생각해봅니다.

괴테의 말처럼 인생은 속도가 아니라 방향이 중요합니다.

삶이든 사업이든 시대적 흐름을 잘 읽고 제대로 된 방향을 잡아야

만 실패하지 않을 수 있습니다. 나침반 없이 가는 배는 목적지에 도

달할 수 없습니다. 어디로 배를 저어야 할지 모르는 사람에게 어떤

바람도 순풍일 수 없습니다.

6장.
기업은 왜 인문학을 공부하는가

기업의 목표는 수익?

맹자 1장은 양혜왕 편입니다. 양혜왕이 맹자를 초대해서 국가의 대사를 묻는 장면이 나오는데 양혜왕이 맹자에게 이렇게 말합니다. "영감께서 천리千里를 멀리 여기지 않고 오셨으니 또한 장차 무엇을 가지고 우리나라를 이롭게 할 수 있으십니까?" 맹자가 대답하길 "왕은 하필 이로울 것을 말씀하십니까? 역시 인의仁義가 있을 뿐입니다."

국가든 기업이든 개인이든 손해보다 이익을 가난보다 부유한 것을 원하는 것이 당연한 이치입니다. 하지만 맹자는 천리 먼 길에서 나를 부른 이유가 어찌 이익 때문이냐고 왕에게 쏘아붙입니다. 이로움을 앞세우고 이익만을 좇다 보면 만족은커녕 싸움과 화를 부를 뿐이라고 말입니다. 역사적으로 보나 개인적으로 보나 이익이 있는 곳에는 언제나 경쟁이 있습니다. 경쟁이 있는 곳에는 또한 온갖 추악한 음모와 배신이 있게 마련입니다. 음모와 배신은 결국 기업에 득보다는 독이 될 뿐입니다. 당장에는 이익을 추구하는 것이 달콤하지만 긴 안목에서 보면 인의를 추구하여 협력과 배려의 정신을 키우는 것이 진정한 이익이 될 것입니다. '하필왈리何必曰利'로 유명한 맹자의 말을 기업인들은 귀담아듣고 기업 경영에 적용해보면 좋겠습니다.

모든 살아 있는 것은 생존이 본성입니다. 생존 자체가 1차 목표이고 다음이 번식 정도가 되겠지요. 기업이나 회사도 생명체처럼 사업을 통해서 수익을 내고 자신을 존속시키는 것이 1차 목표입니다. 사람이 먹지 않고 살 수 없는 것처럼 기업도 수익 없이는 존속할 수 없기에 이윤에 집착합니다. 그러나 사람이 먹기 위해 사는 게 아닌 것처럼 기업도 단지 수익을 위해서만 존재해서는 안 됩니다.

아마존의 CEO 제프 베조스의 '돈만 벌고자 했다면 감자 칩이나 만들었을 것'이라는 말처럼 돈과 수익만을 위해 기업을 경영하는 것은 기업가 정신이 없는 것은 물론이고 사회적 책임을 다하는 것으로 볼 수 없습니다.

물론 돈을 벌기 위해 감자 칩을 만들던 반도체 칩을 만들던 그 기업의 자유겠지만 남다른 능력을 평범하게 쓰는 것은 기업가의 도리도 아니고 사회적 책임도 없는 것입니다. 손흥민이 동네에서 조기축구를 하는 것은 손흥민의 자유겠지만 개인적으로 보나 국가적으로 보나 이만저만한 손해가 아닐 수 없는 것처럼 말입니다. 기업가에게 사회적 책임을 운운하는 것이 이상하게 들릴 수 있지만, 기업은 사회와 시민이 있어야만 존재할 수 있습니다. 기업의 사회적 책임은 기업의 소유권에 있지 않으며 또 소유권이 누구에게 있느냐와 상관없이 기업은 사회와 시민들의 신탁에 불과하기 때문입니다.

기업에게 있어 수익성이 존재의 목적이라고 하는 것은 물리학을 경영학에 교조적으로 적용하는 오류입니다. 에너지 보존법칙이라는 물리학을 기업 경영에 대입한다고 해서 경영이 과학이 될 수는 없습니다. 사람과 시스템이 운영하는 경제는 목적의식적인 경제의 법칙이 작동되는 카오스적 세계이고 물리적

세계는 의식은 없지만 자연스럽게 저절로 돌아가는 물리법칙이 작동되기 때문입니다.

물론 수많은 기업들 가운데 부가가치 이상의 제대로 된 수익을 내는 기업은 많지 않습니다. 일부 대기업과 유망한 중소기업을 제외하면 대다수의 기업은 부가가치조차 벌지 못하고 있는 게 현실입니다. 이러한 대부분의 기업은 국가의 보조금이나 대출 등 시민의 세금으로 지탱하고 있다고 해도 무방합니다. 그러나 기업이 수익을 내든 내지 못하든 기업은 일자리를 통해 사람을 고용하고, 재화와 용역을 생산해서 상품을 시장에 내놓는 등 사회에 기여합니다.

경영의 대가라 불리는 피터 드러커는 '수익성이라는 것은 사업 결정의 의미 있는 원인 혹은 근거라기보다 사업 타당성에 관한 평가'라고 말했습니다. 기업의 사업을 정함에 있어 수익성은 부차적인 문제라는 얘기입니다. 기업이 수익만을 좇아 일을 한다면 기업의 생존에는 도움이 될 수 있겠으나 인류와 사회에 기여하는 데까지는 나아갈 수 없습니다. 수익이나 이윤이 아닌 기업 자체의 목적을 위해 사업을 계획하고 생산성 향상과 혁신을 통해 사회적 책임을 다해야 합니다.

현대사회에서 기업가나 기업은 자신들이 하는 일을 '사업'이라고 얘기합니다. 하지만 엄밀한 의미에서 수익을 창출하고 돈을 벌고자 하는 일들의 대부분은 '사업'이 아니고 사실은 '장사'입니다. 사업은 역사에 남을 만한 일을 벌이는 것이고 장사는 이익을 위해 물건을 파는 것에 불과합니다.

유사 이래 상인은 인간의 이기심을 합리적으로 계산하는 사람들입니다, 오늘날 기업이 소비자의 욕구를 분석하여 시장에 뛰어들어서 하는 일들의 대부분이 수익을 위한 '장사'일 뿐 인류의 진보와 사회의 가치를 실현하기 위한 '사업'은 쉽게 찾아보기 어렵습니다.

일부 재벌급의 대기업이 순대 팔고 도시락 팔고 하는 행태는 사회적 책임은 고사하고 골목상권을 붕괴시키고 서민생계를 파탄시키는 죄악에 다름 아닙니다. 기업의 수익성은 혁신을 통해 이뤄질 때 도덕성과 정당성을 인정받을 수 있습니다. 기업이 장사하는 것이 잘못되었다는 것이 아니라, 비록 오늘은 장사를 할지라도 앞으로는 무엇으로 어떻게 인류와 국가를 위해 이바지할 것인가를 진지하게 고민해야 합니다.

저는 개인적으로 기업들이 'OO의 기술로 인류의 진보와 행복을 위해 복무한다.' 'OO의 시스템으로 깨끗한 지구 생태와 환경을 지킨다.'라는 등의 사훈을 갖는 것을 하루빨리 보고 싶습니다. 그래야 수익이라는 틀에 갇히지 않고 기업가 정신의 핵심이랄 수 있는 도전정신과 창의성을 잃지 않을 수 있기 때문입니다. 글로벌한 비전과 담대한 포부가 있을 때 경쟁력 있는 기업이 될 수 있고, 인류의 진보에 기여하는 세계적인 초일류 기업이 탄생할 수 있을 것입니다.

인문고전은 기업의 오래된 미래

석기시대가 끝난 것은 돌이 없어서가 아니라 청동기와 철기 등 금속의 발견과 그로 인해 무기며 도구들이 발명됐기 때문입니다. 마찬가지로 총포의 출현으로 기사 계급이 무너졌고, 산업혁명으로 농업 주축의 시대가 막을 내렸습니다.

이제는 IT 시대에서 DT 시대로 진보했습니다. IT 정보기술의 시대는 자기를 중심으로 편리하게 관리하는 방식으로 기업을 운영했다면 DT 디지털 데이터 기술의 시대는 타인을 중심으로 타인의 역량을 강화할 때 기업과 사업이 성공할 수 있습니다. 타인이 성공해야 내가 성공할 수 있다는 사고의 전환이 필요합니다.

이에 대한 이해를 위해 논어論語라는 고전을 통해 살펴보겠습니다. 논어 옹야雍也 편에는 자공과 공자와의 다음과 같은 대화가 나옵니다.

자공이 여쭈었다.

"만일 널리 백성에게 은혜를 베풀고 능히 대중을 고난에서 구제한다면 어떠합니까? 인자仁者라고 할 수 있겠습니까?"

공자가 대답합니다.

"어찌 인자에 그치겠는가. 반드시 성인이로다. 요순堯舜도 오히려 근심하신 것이다. 인자란 자신이 서고 싶으면 남을 세우고, 가지가 이루고 싶으면 남을 이루어주느니라. 능히 자신을 미루어 남을 헤아릴 수 있다면 이것이 곧 인에 이르는 방법이라 할 수 있느니라."라고 말입니다. 정말이지 2, 500년 전에 공자가 말한 것을 허투루 들을 수 없는 것 아니지 않습니까?

DT 시대는 의식의 전환과 업그레이드 만이 성공의 열쇠입니다. 기술의 격차가 아닌 의식의 격차가 성패를 가릅니다. 인간의 두뇌가 상상력이 업그레이드되어야 경제도 업그레이드될 수 있는 시대가 되었습니다.

요즘은 지식 정보화시대를 넘어 인공지능과 블록체인, 빅데이터와 IoT(사물인터넷)를 기반으로 하는 4차 산업혁명을 논하기에 이르렀습니다. 지금이 3차 산업혁명의 연장인지 아니면 4차 산업 혁명의 단계로 진입하고 있는지에 대해서는 치열하게 논쟁 중이지만 거대한 변화의 물결이 오는 것만큼은 사실인 것 같습니다. 기업도 기업 1.0 품질과 기술로 소비자들의 이성에 어필하는 시대에서 기업 2.0 디자인과 높은 서비스로 소비자들의 감성에 어필하는 시대로, 기업 3.0 영혼과 진정성을 담은 가치로 소비자들의 마음에 어필하는 시대로 변화를 거듭하고 있습니다.

기업도 수익이나 이익만이 아닌 자체의 목적과 사회적 소명을 위해 존재 방식을 전환하고 있습니다. 마치 도브라는 회사가 화장품이나 비누나 화장품이라는 '제품'을 파는 기업이 아닌 '아름다움'이라는 인간의 기본적인 욕망과 가치를 파는 기업 이미지를 창출해서 성공한 것처럼 말입니다. 기업에서 이익을 추구하기 위해 벌이는 비즈니스나 마케팅이라는 것도 보면 결국 진실을 말하는 것일 뿐이라는 것을 잘 알아야 합니다.

미래가 어떻게 변할지는 누구도 알 수 없습니다. 그래서 미래를 예측하는 가장 좋은 방법은 미래를 창조하는 것입니다. 선지자적인 예언이 아니라 과학적인 예측은 어느 정도 가능합니다. 미래를 어슴푸레 예측할 수 있다면 대응도 가능합니다. 미래는 에너지의 한계를 고민하고 기술의 조건을 걱정하는 데서 창조되지 않습니다. 불가능할 것을 생각해보는 상상력의 한계를 극복하려는 의지와 창조와 혁신 정신의 최대화를 이루려는 노력의 결과에 따라 미래가 만들어집니다. 이상理想은 방법方法에 의해 실현될 수 있고, 함께 이루려는 노력과 꿈이 좌절된 경우는 인류라는 역사의 긴 동선에서 보면 그리 많지 않습니다. 인류가 이루려는 꿈과 이상에 인문고전이 길잡이 역할을 합니다. 인문고전이야말로 오래된 미래이자 창조력과 상상력의 마르지 않는 샘물이기 때문입니다.

주역周易이라는 동양의 아주 오래된 경전으로 예를 들어보겠습니다. 동양고전 중의 핵심 중의 핵심이 주역인데 주역은 주나라의 역이라는 말입니다. 대표적인 동양고전으로 사서삼경을 꼽는데 시경, 서경과 더불어 역경 즉 주역이 삼경 가운데 하나입니다. 주역은 아주 심오한 수천 년의 지혜를 품고 있는 책인데 몇 가지의 특징을 간략하게나마 소개해 보겠습니다.
주역은 세상의 어떤 것도 변하지 않는 것이 없다는 뜻의 변역

變易, 우주의 원리는 아주 복잡하지만 원리를 이해하면 아주 간단하다는 뜻의 간역簡易, 세상의 모든 것은 변하지만 변한다는 사실 자체는 변하지 않는다는 뜻의 불역不易이라는 세 가지 특징이 있습니다. 역易은 한자 日(날일)자와 月(달월)이 합쳐져서 만들어진 글자로 만물이 해와 달처럼 운동하고 변한다는 의미를 뜻합니다. 자연사나 인간사나 주역의 이치로 바라보면 거의 모든 것이 이해되니 역경이라는 책은 정말 대단한 경전이 아닐 수 없습니다.

주역을 이루고 있는 64개의 괘卦는 양(-)과 음(--)의 가로로 된 여섯 개의 효爻로 이루어져 있습니다. 양과 음이 서로 교차하면서 변화를 보여주는데 미래를 신통하게 예측하는 점서占書 역할을 했습니다.

효라는 것은 숫자로 이해하면 쉬운데 양은 1로 홀수고, 음은 0으로 짝수로 이해하면 됩니다. 숫자로 111111이라고 쓰면 주역은 ☰ (중천건)으로, 숫자로 000000이라고 쓰면 주역은 ☷(중지곤)으로, 101000은 주역은 ䷗(지화명이) 이런 식으로 씁니다. 숫자는 가로로 쓰지만, 주역 효의 획은 위에서 아래로 쓰는 게 다를 뿐입니다.

오늘날 컴퓨터의 언어는 2진법입니다. 1과 0으로 이뤄져 있습니다. 어떠한 복잡한 계산도 두 개의 부호 즉 음양을 뜻하는 1과 0으로 해낼 수 있습니다. 닐스 보어는 주역을 평생 공부했고 라이프니츠는 주역을 대수학이라고 찬탄했습니다.

이렇듯 수천 년에 만들어진 동양고전의 정수인 주역과 최첨단 시대의 컴퓨터가 언어 즉 기호를 같은 것을 쓰고 있는 것입니다. 이것은 인문고전이야말로 낡은 그릇이 아니라 오래된 미래이자 인류의 미래를 열어줄 길잡이가 될 수 있음을 보여주는 실증적인 예입니다.

스티브 잡스는 2011년 아이패드2 발표회에서 '사람들의 가슴을 두근거리게 하는 애플의 DNA 기술은 자유 교양liberal arts 및 인문학humanities을 결합시키는 데 있다'라고 밝혔습니다. 잡스는 디지털 기술에 아날로그적 감성과 인문 교양의 정신을 융합해 어디서나 어느 때나 꺼내 사용할 수 있는 스마트폰에 담았습니다.

잡스가 꿈꾼 자유와 인문정신은 스마트폰에 담겨 세계적 변화를 이끌고 있습니다. 스마트폰은 중동과 북아프리카의 민주주의를 가져왔고, 백악관의 트럼프나 소말리아의 가난한 소년이나 대칭적인 지식과 정보의 공유를 가능케 만들었습니다. 잡스의 창조력의 원천은 다름 아닌 인문학과 자유교양 정신에 있었습니다.

인문학의 현실적 적용에 쓰이는 표현이 동도서기東道西器, 좌도
우기左道右器라는 말입니다. 동도서기는 동양의 가치를 서양의
그릇에 담는다는 뜻입니다. 동양의 도道는 심오해서 한마디로
정의하기 어렵습니다. 조금 편하게 설명해보면 도라는 것은 인
仁과 의義를 통해 사람과 세계에 발현되는 데 인仁은 어질다는
뜻인데 어질다는 仁이 곧 인人 즉 사람이고 의義는 옳다는 뜻인
데 옳다는 義가 곧 의宜로 마땅하다는 것입니다. 공자는 인仁을
사람을 사랑하는 것-애인愛人-이라 말했습니다. 의義는 사람이
마땅히 해야 할 도리입니다. 즉 사람을 사랑하여 마땅히 행하
는 것이 동양의 도道라는 것입니다. 동양의 가치를 서양의 틀에
적용해보자는 의미이겠습니다. 좌도우기는 좌파의 이상성과
우파적 현실성을 결합해서 정치, 경제, 사회, 문화의 조화와 균
형을 이루어야 한다는 뜻입니다.

기업이야말로 재화와 부에 가장 민감한 집단입니다. 얼마나 존
속할지는 모르겠지만 지금 세계에서 가장 경쟁력 있는 기업 가
운데 하나인 구글의 경우만 해도 직원 6만여 명 가운데 30% 이
상이 공학이나 경영학 계열이 아닌 철학이나 심리학 또는 예술
전공자 즉 인문학을 공부한 사람들로 이뤄져 있습니다. 구글의
이러한 예는 인문학적 상상력과 인문학적 교양을 갖춘 인재가

기업에서 얼마나 중요하고 필요한가를 전적으로 보여줍니다.

이렇듯 인류의 모든 재화와 지혜는 인문정신에서 나옵니다. 마르지 않는 창의력의 원천이 인문학에 있습니다. 지금의 시대는 기업은 물론 정부든 학교든 어디서든 간에 에너지와 기술 등 물리적인 것의 결핍의 문제가 중요한 것이 아니라 상상력과 지식의 결핍과 고갈에 대해 더욱 걱정해야 하는 시대이기 때문입니다.

기업은 왜 인문학을 공부하나

기업의 가치와 품격은 그 기업의 CEO나 임원들의 인격이 결정한다고 해도 과언이 아닙니다. 따라서 기업의 CEO나 임원들은 자신 개인의 인격 수양만을 위해서가 아니라 기업의 품격을 위해서라도 인문정신과 인문학에 대해 기초적인 소양을 갖출 필요가 있습니다. 소위 말하는 문사철文史哲(문학, 역사, 철학)에 대한 기본 개념이라도 있어야 한다는 말입니다.

지난해 한일 무역전쟁으로 노 재팬(NO Japan) 운동이 한창이던 때 어느 기업의 CEO는 말 한마디 잘못해서 그 회사의 대표

직을 사퇴하고, 그 기업의 이미지는 엄청난 타격을 받았습니다. 대표 한 사람의 왜곡된 역사 인식과 말의 품격이 문제가 된 때문이었습니다. 한 사람의 인격을 드러내 주는 언격言格과 인문교양의 수준에 따라 그 기업의 가치와 품격이 흥망이 달라지는가를 보여준 사례입니다.

최근 우리 사회는 인문학 스터디 모임도 많아졌고 온-오프라인에서 행해지는 인문학 강의도 인기입니다. 특히 돈이 되면 뭐든지 하는 기업에서 인문학에 대한 관심이 부쩍 늘었는데 거기에는 다 이유가 있습니다.
이러한 인문학과 자유 교양의 정신이 기업과 시장이라는 구체적으로 조직된 현실에서 어떻게 요구되는지를 살펴보면 그 이유를 알 수 있습니다.

인문학은 첫 장에서 말한 것처럼 사람다움의 무늬를 뜻합니다. 이러한 인문은 개개인의 인성으로 나타나는데 인성은 인간성과 같은 뜻으로 이해하면 됩니다. 지금 많은 사람들 특히 취업을 앞둔 취준생이나 대학 진학을 앞둔 학생들의 경우 스펙spek을 쌓느라 정신이 없습니다. 당장의 취업과 진학을 위해서 어쩔 수 없이 스펙 쌓는 것을 비난하기는 어렵지만, 인생은 길고

긴 인생을 지혜롭고 행복하게 살아가려면 스펙보다 인성을 계발하는 것이 무엇보다 중요합니다.

왜냐하면, 아무리 좋은 그 어떠한 스펙도 인성보다 힘이 세지 않기 때문입니다. 인성을 이기는 스펙은 없습니다. 기업과 사회에서 인정받는 사람 매력적인 사람은 스펙이 아니라 인간성이 좋은 사람입니다. 스펙이 좋은 사람은 처음 출발은 나쁘지 않을 수 있겠지만 스펙만으로 오래가기는 어렵습니다.

대학에서 배운 전공이나 MBA에서 익힌 지식이라는 것도 사실 지금처럼 급변하는 시대에서는 그리 오래가지 않습니다. 아주 잘못된 구분이지만 이공계열이든 문과 계열이든 학교에서 배운 지식과 경험은 길어야 5년을 넘기기가 어렵습니다.

특히 인생 2~3모작 시대에서 40~50대의 최고의 스펙은 다름 아닌 몸과 마음의 건강과 주변의 평판 지수의 척도인 인성이 가장 중요한 스펙입니다.

과학기술의 발전과 급변하는 사회의 흐름에 맞추려면 몇 년밖에 못 가는 얇은 지식과 경험만으로 인재를 뽑을 수 없습니다. 지식과 경험이라는 것의 한계와 단점이 너무나 크기 때문입니다. 지식은 자신이 배운 앎에 대한 환상이나 확신을, 경험은 체험하고 느낀 것에 대한 익숙 때문에 편견과 아집을 필연적으로 동반합니다. 공자는 "주공周公과 같은 뛰어난 재능을 지녔을지라도 교만하고 인색하다면 그 나머지는 볼 것도 없다."라고 말했습니다. 사람의 능력이라는 것도 올바른 인격 즉 인성이 뒷받침되지 않는다면 볼 것도 없다는 것입니다. 때문에 기업에서 원하는 인재 필요한 인재의 1순위는 인성을 갖춘 사람입니다.

바야흐로 기업에서 인재를 뽑을 때 시험 성적이나 학력만으로 뽑는 시대는 이미 지났고 다양한 형식으로 인재를 영입합니다. 블라인드 면접 다면 평가는 기본이고 집단적인 여행을 통해 인재를 뽑기도 하고 술자리에서의 그 사람의 태도 등을 보고 뽑기도 합니다. 단체 여행이나 술자리 등에서 그 사람의 성격과 리더십 등이 잘 드러나기 때문입니다. 앞으로 조직과 단체 생활에서 잘 적응할 수 있는가와 그리고 동료 간의 인화와 리더십을 평가하는 것이겠습니다.

10분 내외의 면접만으로 그 사람의 인격과 능력을 판단한다는 것은 사실 불가능합니다. 그러나 며칠이나 몇 시간만이라도 같이 있어 보면 기본적인 그 사람의 품성과 인격을 알 수 있습니다. 인간은 평균적으로 하루에 6만 번 생각하고 2만 마디의 말을 합니다. 말은 생각의 결과로 나타나고 행동은 말에 따라 드러납니다. 말은 생각의 집이자 그 사람 자신이기 때문에 말을 보면 그 사람을 알 수 있고, 언행일치라고 그 사람의 말과 행동에서 뿜어져 나오는 아름답고 매력적인 인성에 기업과 사회가 반하게 되는 것입니다. 기업이든 사회이든 개인들이 모여서 구성되는 공동체입니다. 다만 개인의 다양한 경험과 차이가 개인의 범주에서 머무르지 않고 조직과 공동체의 이익을 위해 쓰일 때 가치는 빛을 발합니다.

한비자에 보면 구맹주산(狗猛酒酸)이라는 말이 나옵니다. 사나운 개 때문에 술집에 손님이 오지 않아 술이 식초가 된다는 고사입니다. 기업의 입장에서 봐도 능력은 있지만, 인성을 갖추지 못한 사나운 직원이 들어온다면 어떻겠습니까. 조직은 탁월한 한 사람이 특별한 능력을 발휘하는 곳이 아닌 인성 좋은 평범한 개인들이 모여 비범한 성과를 내는 곳입니다. 나는 정말 조직에서 사회에서 사나운 개로 살고 있지는 않은지 늘 자기 자신을 성찰해야 합니다.

노자의 도덕경 24장에는 나오는 아래의 구절은 우리 같은 평범한 사람이 어떠한 처신과 처세의 지혜를 가져야 하는지를 잘 보여줍니다.

"발끝으로 선 사람은 오래 서지 못하고, 가랑이를 벌려 크게 걷는 사람은 멀리 가지 못하고, 스스로를 드러내는 사람은 밝지 못하고, 스스로를 옳다 하는 사람은 드러나지 못하고, 스스로를 뽐내는 사람은 공이 없고, 스스로를 자랑하는 사람은 성장하지 못한다. 그것은 도에 있어서는 말하자면 밥찌꺼기나 쓸데없는 행동이니, 물은 항상 그것을 싫어하며 그러므로 도를 지닌 사람은 거기에 처하지 않는다."

결국 아무리 잘난 사람일지라도 홀로서는 아무것도 이룰 수 없다는 것입니다. 혼자인 조직은 없기 때문입니다.

기업의 시대정신은 무엇인가

무無가 유有를 이기는 시대입니다. 없는 것이 있는 것을 이긴다는 얘긴데요. 노자의 무위無爲(하지 않음으로써 되게 한다) 사상이나 장자의 무용지용無用之用(쓸모 없음이 쓸모 있다)을 떠올려 보면 이해가 쉽습니다. 무와 없다는 것은 단순하게 없다는 것을 뜻하는 것이 아니라 모든 것을 담을 수 있는, 가능성의 가치를 의미합니다. 비워야 채울 수 있다는 이치입니다. 방이 비어 있어야 사람이 들어가 살 수 있고, 물 잔이 비워져 있어야 물을 담을 수 있습니다.

우리는 원자Atom라는 유의 현실 세계에서 살아가지만, 세상은 비트Bit라는 무의 시대로 빠르게 바뀌고 있습니다. 계량하거나 측정할 수 있는 것보다 그럴 수 없는 것이 세상에는 더 많습니다. 시각, 청각, 미각, 후각, 촉각 등 감각적으로 느끼거나 알 수 있는 것보다 그렇지 못하는 것이 압도적입니다.

당장 우리가 살아가는 우주만 봐도 그러합니다. 우주의 물질계(모든 원자와 양성자 중성자를 포함해서)는 우주 전체 질량의 5% 정도밖에 되지 않습니다. 25%가량은 암흑물질Dark matter로 이뤄져 있고, 70%가량은 암흑에너지Dark energy로 이뤄져 있습니다. 지금까지도 현대 과학은 암흑물질과 암흑에너지가 무엇인지 밝혀내지는 못했습니다. 다만 80년 전 천재 물리학자 아인슈타인의 탁월한 상상력인 '우주상수'를 도입해서 계산한 결과로 알 수 있게 되었습니다. 보이지 않는 우주상수가 우주의 가장 큰 힘이자 근원입니다.

없는 것이 어떻게 있는 것을 이기는가를 몇 가지 예를 통해 알아보겠습니다.

대표적인 변화는 인터넷을 휴대전화에 탑재한 스마트폰을 통해서 나타났습니다. 우리 생활 속에서 가장 친숙하던 유선전화는 급속하게 스마트폰 등 무선전화에 의해 밀려났습니다.

인도의 경우 10여 년 전까지만 해도 서민들의 경우 유선전화가 없어서 전보를 통해 안부를 묻거나 소통했습니다. 그런데 스마트폰으로 인해 유선전화 시대를 건너뛰어 무선전화 시대로 진입했습니다. 아프리카에서는 스마트폰 기지국을 중심으로 도시와 마을이 형성되고 있으니 그 변화라는 것이 얼마나 대단한가를 알 수 있습니다.

카메라와 필름의 경우는 더 극적인데요. 예전의 아날로그형 카메라에는 필름Film 필요했지만 디지털카메라의 등장으로 필름은 사라졌고 고성능의 카메라도 핸드폰에 장착되었습니다. 소니와 코닥 등 필름으로 먹고살던 기업의 존재까지 위협했습니다.

대표적인 언론 매체였던 종이 신문과 각종 무가지 등은 급속하게 사라지고 있으며 책도 전자책으로 바뀌고 있습니다. 자동차의 경우도 예외가 아닙니다. 전기차, 수소차 등의 발명과 전파로 자동차의 내연기관이 사라지고 있습니다.

태양광, 소수력, 지열 등 신재생에너지의 발전은 한참의 시간이 더 필요하겠지만 전기 장사를 하는 한전을 위협할 것입니다. 제러미 리프킨이 '수소혁명'에서 밝힌 것처럼 석유의 종말이 멀지 않을 수도 있습니다.

수소(H)는 말 그대로 분자가 수소밖에 없어 탄소를 배출하지 않습니다. Enernet 즉 네트워크 된 에너지(배터리 파워 팩 등)의 세계적인 연결로 발전소를 소멸시킬 수 있고 언젠가는 아톰 세계의 가장 위험한 요소인 원전을 사라지게 할 것입니다. 화석에너지가 사라지면 지구환경도 좋아지고 인간의 삶도 더불어 나아집니다.

공유경제의 마인드로 에어비앤비는 호텔 하나 없이도 세계의 곳곳에 수십만 개의 방을 빌려주는 장사를 통해 힐튼호텔보다 몇 배의 매출을 올렸습니다. 우리나라에서는 불법이지만 우버택시도 공유경제의 또 다른 예입니다.

자본주의의 상징인 지폐와 동전 등 돈의 경우 역시 블록체인의 발전에 힘입은 암호화폐의 안전성과 대중화가 보장되면 언젠가는 그 수명을 다할 것입니다.

이 밖에 최근 코로나19로 인한 비대면 비접촉 생활이 늘어남에 따라 수업과 강의도 온라인 강의로 대체되고 있고 음식문화도 바뀌어 식당도 배달 중심으로 변화되거나 재편되고 있습니다. 이러한 흐름은 세계와 삶의 변화를 반영해 주는데 실재하는 것과 오감으로 체험할 수 있는 '있다'라는 것에서 이제 '없다'라는 것이 정말 무無를 의미하는 것이 아니라 예전의 방식으로 존재하지 않음을 뜻합니다.

분명히 존재하되 오감으로는 확인되지 않을지라도 무기력한 것이 아니라 가장 강력한 변화의 동력이자 미래사회의 모습이라는 것입니다. 기업에서도 검증 가능하거나 보이는 스펙이나 기능보다 보이지 않는 스토리, 진정성, 트렌드가 중요한 것이 된 것처럼 말입니다.

괴테의 말처럼 인생은 속도가 아니라 방향이 중요합니다. 삶이든 사업이든 시대적 흐름을 잘 읽고 제대로 된 방향을 잡아야만 실패하지 않을 수 있습니다. 나침반 없이 가는 배는 목적지에 도달할 수 없습니다. 어디로 배를 저어야 할지 모르는 사람에게 어떤 바람도 순풍일 수 없습니다.

기업과 기업인은 수익과 이윤을 추구하되 공익을 무시해서도 안 되며, 시대적 변화의 방향을 파악하고 대중의 욕구를 과학적으로 수렴할 때 가장 혁신적인 시대의 선구자가 될 수 있습니다. 미래는 그 미래를 창조하려는 사람에 의해 만들어집니다. 기술혁신과 제도혁신은 마케팅 혁신과 비즈니스 모델의 혁신으로 이어집니다. 그러나 가장 중요한 혁신은 제도와 시스템

등 유형의 혁신보다 무형의 혁신 즉 생각의 혁신 상상력의 혁신에서 출발합니다. 생각의 혁신을 가져오려면 세계와 사람에 대한 깊은 통찰과 이해가 필요합니다. 소위 내공이 있어야 합니다.

논어 마지막 편인 요왈堯曰의 마지막 구절은 3부지不知인데 세 가지 알지 못하면 이룰 수 없는 것에 대해 이야기합니다.
"천명을 알지 못하면 군자가 될 수 없고, 예를 알지 못하면 세상에 당당히 설 수 없고, 말을 알지 못하면 사람을 알 수 없다."
이를 지금 시대의 기업에 맞춰 해석해보면 '시대정신을 모르면 존경받는 기업가가 될 수 없고, 기업가 정신과 기업문화가 바르지 않으면 시장에서 버림받게 되고, 직원과 대중의 니즈needs를 분별하지 못하면 성공할 수 없다'라는 정도로 보이는데 조금 억지스러운가요.

기업은 쉽게 돈 버는 방법이 아닌 인류의 가장 귀찮고 어렵고 괴로운 문제들을 해결하는 공적 집단입니다. 그래야 기업과 기업가가 존경과 인정을 받을 수 있습니다. 인류의 진보를 위해 일할 때 가장 혁신적인 집단이라는 영광과 명예가 기업가와 기업에 주어질 것입니다.

길이 멀어야 말의 힘을 알 수 있고 일이 어려워야 사람의 능력을 알 수 있습니다. 모두를 얻거나 모두를 만족시키는 선택지는 현실에 거의 없습니다. 선장이랍시고 노를 저으라고 강요만 할 것이 아니라 우리 배가 어느 항구로 가는지를 정확하게 알게 하고 믿음으로 일을 배분하고 기쁘게 설득해서 함께 갈 수 있어야 리더라고 할 수 있습니다.

7장.
리더의 자세와 덕목

리더가 갖춰야 할 네 가지 능력

배를 만들고 싶다면 나무를 구해와라 밧줄을 구해와라는 식의 일감을 주는 말보다 바다에 대한 꿈과 동경을 얘기하라는 말이 있습니다. 일이 되게 하려면 사람의 마음을 읽고 사람을 움직이게 해야 한다는 얘깁니다. 리더는 꿈과 비전을 주는 존재라는 겁니다.

리더는 사람들이 이성과 머리로 이해하고 판단을 위해 귀에 대고 이야기하는 사람이 아닙니다. 사람들의 심장을 뛰게 하고 감동을 주는 가슴에 대고 이야기를 할 줄 아는 존재가 리더입니다. "그대들은 귀에 대고 얘기하라 나는 가슴을 때릴 테니"하면서 감성과 진정성에 호소할 줄 알아야 합니다.

리더라는 존재는 목표를 정하고 일의 공정을 꿰뚫어서 사람을 통해 일을 성공으로 마무리 지어야 합니다. 목표와 공정은 회의와 토론, 조사와 연구를 통하면 그리 어렵지 않게 잡아낼 수 있습니다. 하지만 그 일을 해내는 것은 결국 사람이기 때문에 사람을 움직이는 매력과 지혜를 갖춰야 합니다.

리더에게 필요한 능력은 결단력, 통찰력, 추진력, 설득력 등인데 갖추기가 쉽지 않습니다. 타고난 성품에 지속적인 시도와 실패 그리고 성공의 노하우가 곁들여질 때 그 탁월함이 발휘됩니다. 탁월함이라는 것은 타고난 천성과 본능에 대해서 실천을 통해 극복하고 체현함으로써 가능한 것인데 많은 시간과 노력이 필요합니다.

우선 결단력은 리더라면 꼭 갖춰야 할 덕목이지만 언제 결단해야 할지 무엇에 결단해야 할지 늘 고민되지 않을 수 없습니다.

하지만 일을 하다 보면 반드시 위기와 기회가 있고 변곡점이 있기 마련인데 이러한 시점을 동물적 감각으로 인식하고 직관적 능력으로 돌파할 줄 알아야 합니다.

타이밍을 놓치지 않아야 최악의 결과를 피할 수 있고 조직과 구성원들을 살려낼 수 있습니다. 고독하고 고통스러울지라도 반드시 결단할 때를 놓치지 않고 결단할 때 리더로서의 자격을 획득할 수 있습니다.

통찰력은 날카로운 직관력과 깊은 내공으로 사물의 이치를 꿰뚫어 보는 능력을 말합니다. 직관이라는 것은 이성과는 대비되지만 많은 경험과 공부 깊은 사색과 감각이 안받침 될 때 제대로 힘을 드러냅니다. 어떠한 현상과 사물을 즉시 파악하는 것은 메타meta인지적인 생각의 능력으로 작든 크든 규모의 문제 가볍고 중요한 경중의 문제뿐만 아니라 그 속 깊이 간직한 맥락과 줄기를 읽어낼 수 있게 합니다. 궁리하는 힘 생각 저 너머를 생각하는 생각 즉 지혜가 통찰력이라는 겁니다. 통찰력이 없는 결정과 결단은 실수와 오류로 점철될 뿐이니 통찰력을 키우기 위한 각별한 노력이 필요합니다.

추진력은 목표를 향하여 나아가는 힘입니다. 일을 되게 하려면 동력이 필요합니다. 로봇이나 인공지능 AI에게 일을 시켜도 전기와 데이터가 필요합니다. 하물며 사람과 하는 일에서야 오죽하겠습니까? 한 사람의 열 걸음이 아닌 열 사람의 한 걸음이 조직과 공동체가 추구하는 가치입니다.

리더의 추진력이 아무리 강해도 소통과 공감 없는 추진력은 사상누각에 불과합니다. 때문에 리더의 추진력이 제대로 전달되기 위해서는 사람을 챙기고 사람을 움직이게 하는 동력 즉 함께 가야 하는 명분과 함께 나누는 실리를 명쾌하게 소통하고 공감해야 합니다. 도덕적 자극과 물질적 자극 이 두 가지를 잘 활용해야 추진력이 배가됩니다.

설득력은 말을 통해 상대를 내 편으로 만드는 힘입니다. 설득說得이라는 한자를 파악해보면 말로써 얻는다는 뜻인데 어떠한 말이 사람을 얻게 할까요. 아무리 논리와 정확성을 갖춘 말일지라도 마음과 뜻을 전달하는 데 한계가 있을 수밖에 없습니다. 머리와 이성으로는 납득이 되겠지만 기꺼이 내 편이 되어 먼 길을 함께 가게 하기 위해서는 가슴과 감성에 호소할 줄 알아야 합니다. 선거 때 보면 유세遊說라는 것을 합니다. 유세의 세說도 말씀 설設자를 같이 쓰니 동자이음同字異音인데요. 유세에서 가장 중요한 것은 자신이 하고 싶은 말을 하는 것이 아니라 유권자가 듣고 싶은 말을 하는 게 중요합니다. 설득도 마찬가지입니다. 내 말만 번지르르하게 늘어놓을 것이 아니라 상대를 기쁘게 하는 말 상대가 듣고 싶어 하는 말을 먼저 할 줄 알아야 합니다.

길이 멀어야 말의 힘을 알 수 있고 일이 어려워야 사람의 능력을 알 수 있습니다. 모두를 얻거나 모두를 만족시키는 선택지는 현실에 거의 없습니다. 리더는 오물을 뒤집어쓰는 존재이듯 욕먹는 것을 두려워해서는 안 됩니다. 선장이랍시고 노를 저으라고 강요만 할 것이 아니라 우리 배가 어느 항구로 가는지를 정확하게 알게 하고 믿음으로 일을 배분하고 기쁘게 설득해서 함께 갈 수 있어야 리더라고 할 수 있습니다.

리더의 자세와 덕목

사람을 이끄는 매력과 사람을 움직이게 하는 지혜와 힘이 리더의 자세이자 덕목입니다. 리더가 리더로서의 역량을 발휘하기 위해서 중요한 게 자세 또는 태도인데 대표적으로 경청과 소통을 들 수 있습니다.

리더의 우선적인 자세와 덕목인 경청傾聽에 대해 알아보겠습니다. 경청은 기울일 경傾 들을 청聽으로 몸을 기울여서 상대방의 얘기를 듣는다는 뜻으로 그만큼 상대에게 성의를 보여주는 모습입니다. 옳은가 그른가 하는 판단의 문제보다 자세의 문제를 얘기하는 것이자 먼저 상대를 공경하는 마음으로 들어주는 것을 의미합니다.

사람은 누구나 매슬로의 인간 욕구 5단계 이론처럼 존중받고 싶고 인정받고 싶은 욕구가 있습니다. 리더가 보여주는 사소하고 친절한 행위인 경청이 어떤 큰 의도보다 더 값지게 작용하게 됩니다. 사람은 자기를 인정해 주고 알아주는 사람을 위해 목숨까지 건다고 하니 한번 큰돈과 큰 시간 들어가는 것 아니니 누구라도 한번 쯤 해봄직합니다.

경청은 타자를 존중하는 마음의 가장 깊은 배려이자 자세이기 때문에 경청하는 리더에게 사람들은 매력을 느끼고 따르게 되는 것입니다. 예전 무소불위의 권력을 지닌 왕들도 신하들이 간언諫言(왕에게 하는 충고)을 할 수 있도록 사간원을 두고 때때로 경청했기에 통치가 가능했습니다. 들어야 물을 수 있고 듣지 않으면 물을 수 없습니다. 또 들어야 알 수 있고 듣지 않으면 알지 못합니다. 학문이라는 것은 배움을 묻는다는 것인데 묻기 위해서는 반드시 먼저 들어야만 합니다.

경청이 선행되지 않으면 이후 진행되는 어떤 것도 형식적으로 흐를 수밖에 없습니다. 먼저 듣는 것 기울여 듣는 것 사람을 움직이게 하는 리더의 첫 단추입니다.

리더의 두 번째 덕목과 자세는 소통疏通(Communication)입니다. 서로가 생각하는 바를 일치 시키고 지향하는 것이 막히지 않게 하여 나아가는 것이 소통입니다. 소통이 되면 형통亨通이 되지만, 소통이 되지 않으면 고통이 됩니다. 또한 소통이 되지 않으면 소외疏外가 오고 소외가 오면 조직이든 사람이든 관계는 소원해지고 그 소원함 속에 불화가 만연하게 됩니다.

사회이든 기업이든 말하는 10명이 침묵하는 10,000명을 이기는 법입니다. 어떠한 문제에 대해 말만 하는 것이 아니라 실제로 문제를 해결하기 위해서는 소통이 기본입니다. 국가나 기업에서 소통은 조직의 수단이 아닌 조직 양식 그 자체이기 때문에 대통령도 국민과 대화와 토론을 하고 기업도 시장과 소비자에게 선택받기 위한 노력을 멈추지 않습니다. 대화와 토론이 기본적인 소통의 수단으로 많이 쓰이지만 우리는 대화와 토론의 기본을 잘 지키지 않습니다. 일례로 TV에서 하는 토론을 보면 누가 옳은가를 두고 논쟁을 하는 경우가 종종 있는데 토론이 제대로 되려면 누가 옳은가가 아니라 무엇이 옳은가에 대해 이야기할 수 있어야 합니다. 어차피 생각과 입장이 너무 달라서 아무리 오랜 시간 토론을 해도 자기편의 주장만 하다가 그치는 경우가 허다할지라도 말입니다.

우리는 역사적으로 많은 진정성 없는 형식적인 소통 행위를 보아왔습니다. 진정성 있는 마음으로 국민과 소통하지 못한 대통령들의 말로末路는 감옥에 가거나 하는 식으로 참담했습니다. 소비자와 소통이 원활하게 되지 않는 기업들의 경우는 시장에서 퇴출되거나 도태되게 되어있습니다.

리더가 경청과 소통 이 두 가지만이라도 잘할 수 있다면 리더로서의 자격과 덕목은 90% 이상 갖췄다고 해도 과언은 아닙니다. 그 외의 다른 덕목들은 개인적 편차와 개성의 다양함으로 일반화하기는 쉽지 않습니다.

경청과 소통 이외에 리더의 덕목 꼭 한 가지를 이야기한다면 의심하지 않고 믿어주는 것이라 할 수 있습니다. 정치든 경제든 의심 많고 변덕 심하고 보상에 인색해선 뜻을 이룰 수 없습니다. 믿지 못하면 쓰지 말고 일단 썼으면 의심 말아야 합니다. 말이 쉽지 참 어려운 얘기입니다. 천하의 공자님도 가장 사랑하는 제자 안회를 의심한 적이 있습니다. 선입관과 편견으로 가득 찬 인간은 비합리적인 정황과 상황이 닥치면 철석같이 믿었던 사람마저 의심하기 마련입니다. 사람이 사람을 믿는다는 것처럼 어려운 일도 없는가 봅니다.

피그말리온의 갈라테이아 신화는 믿음이 얼마나 중요한지를 단적으로 보여줍니다. 비록 신화가 아니더라도 현실에서 종종 나타나는 현상으로 믿음 즉 신념이 보여주는 현상은 놀랍기까지 합니다. 플라시보 효과placebo effect 즉 '위약효과'가 과학적인 사실로 밝혀진 것처럼 사람의 믿음이라는 것은 신비의 묘약입니다. 그렇다고 믿으면 그런 효과가 나타납니다. 실제 어떤 일을 하다 보면 그 사람을 전적으로 믿어줄 때 그 사람은 그 사람이 갖춘 능력보다 훨씬 많은 성취를 이뤄내는 것을 왕왕 경험하곤 합니다.

일이라는 것은 혼자서 할 수 있는 것이 아니고 조직을 통해서 서로 역할을 분담하면서 진행하는데 이때 사람을 얼마나 믿고 쓰느냐에 따라 결과가 달라집니다.

진나라 이후 천하를 통일한 유방에게서 그러한 예를 찾아볼 수 있습니다. 시골 출신의 무뢰배였던 유방은 좋은 가문 출신의 항우보다 개인적 자질은 물론 병력의 규모와 실력 등 모든 면에서 부족했습니다. 하지만 결국 유방이 역발산기개세의 항우를 누르고 이 천하를 통일합니다. 사마천의 사기 한고조본기漢高祖本紀에는 유방이 어떻게 천하를 통일했는가가 잘 나타나 있습니다.

"장막 속에 앉아 온갖 책략을 내어 천 리 밖의 적을 이기는 것으로는 내가 자방張良보다 못하고 진압한 나라의 백성을 어루만지며 군량을 공급해 식량이 끊어지지 않게 하는 것으로는 내가 소하蕭何보다 못하며, 백만의 군대를 조직해 싸움에 나서서 이기며 공격하면 반드시 빼앗는 것으로는 내가 한신韓信보다 못하다. 이 세 사람은 모두 인걸인데, 나는 이들을 쓸 수 있었기에 천하를 얻을 수 있었다."

유방은 자신이 갖추지 못한 분야의 전문가를 믿고 모셔서 천하를 통일할 수 있었던 겁니다. 지혜의 장량, 살림의 소하, 전투의 한신을 믿지 못했다면 또 그들에게 전권을 위임해 주지 않았다면 천하통일은 불가능했을 것입니다. 현명한 자는 그만한 지위에 있고 능력 있는 자는 그만한 직위에 있다는 노자의 말이 틀리지 않습니다.

유비에게는 관우와 장비 그리고 제갈량이, 조조에게는 탁월한 책사들과 사마의가, 이성계에게는 정도전과 이방원이 있었기에 역사에 기록될 수 있었습니다. 역사적으로 봐도 리더들은 자신보다 역량이 나은 인재들과 경쟁하기보다 그들의 실력을 존중하고 그들을 믿고 등용했기에 이른바 성공할 수 있었습니다.

여기에서 다루지 못한 수많은 리더의 덕목이라는 것들도 결국 모두 사람을 얻고 사람을 움직이게 만드는 지혜이자 자세인데요. 여러 책과 논문들을 참고해보았으면 합니다.

리더는 왜 공부를 해야 하나

리더를 동양식 표현으로 하면 지도자를 뜻합니다. 과거의 지도자는 특정 가문이나 귀족 출신으로 어느 정도 일반 대중과는 거리가 있는 사람들이었습니다. 그러나 지금은 대중이 지도자를 선택하는 시대입니다. 대통령도 대중이 선택해서 선출하고 조합장도 대학 총장도 학생회 회장도 대중이 뽑습니다. 다만 한국 기업의 대부분은 CEO를 대중이 선출하지 않지만, 시간이 흘러 유럽처럼 주주와 노동자들이 기업의 CEO를 선출하게 된다면 기업의 CEO도 예외일 수 없을 것입니다.

요즘에는 사람들이 지도자의 이미지를 중시합니다. 물론 이미지라는 것은 그 사람의 브랜드와 스토리와 정체성 등이 결합되어 형성됩니다. 이러한 이미지가 그 사람의 업적이나 비전보다 훨씬 다가가기 쉽기 때문에 대중은 그 지도자의 이미지를 투사해서 그 사람을 판단하기도 합니다.

그렇다 보니 입만 열면 '애국'을 외쳤던 정치인을 정말 애국자로 믿고 대통령으로 선출하기도 했는데 다시 생각해도 아찔합니다. 시절이 이렇다 보니 그만큼 진짜보다 가짜가 판을 치기도 합니다. 마치 영탁의 노랫말처럼 말입니다. 진짜를 만나려면 얼마나 많은 가짜를 거쳐야 하고 백마 탄 왕자님을 만나려면 얼마나 많은 개구리와 입맞춤을 해야 하나요.

어쨌든 정부든 사회이든 기업이든 지도자가 대중에게서 인정받고 바로 설 때 제대로 역량과 기능을 발휘할 수 있습니다. 노자는 다른 사람을 이기는 사람은 힘이 있고 자신을 이기는 사람은 뜻이 강하다고 했습니다. 자신을 경쟁상대로 삼고 자신을 이겨낼 만한 뜻이 강한 사람이 지도자로서 설 수 있다는 얘기입니다.

지도자가 지도력을 발휘하기 위해서는 권위가 있어야 합니다. 그런데 그 권위를 대중에게 인정받기 위해서는 생각과 말과 행동이 검증되어야 합니다. 지도자에게서 뿜어져 나오는 고매한 인품과 깊은 통찰력에서 나오는 지도력이 조화가 될 때 권위가 생겨납니다. 권위라는 것은 힘이나 카리스마를 얘기하는 것이 아니라 옳음rihgt으로 위력might를 넘어서는 것입니다. 옳음이 위력을 극복할 때 대중은 지도자를 존경합니다.

지도자로서 인정받기 위해서는 가장 필요한 게 인문학적 소양과 인간적인 매력입니다. 인문학적 소양을 기르기 위해서 가장 필요한 것이 배우려는 자세와 노력입니다. 자세는 마음가짐 즉 다짐이고 노력은 앎을 행하는 실천입니다. 인문학적 소양은 타고나는 것이 아니라 익혀지는 것인데 공부 특히 동양고전을 통하면 누구나 빠르게 오랫동안 가능하게 됩니다. 인간적인 매력은 인문학적 소양으로 체화한 사람의 일과 생활을 보면 자연스럽게 드러나게 됩니다.

구체적으로는 공자의 말처럼 기소불욕물시어인(己所不欲勿施於人) 즉 자기가 싫어하는 일을 다른 사람에게 시키지 않는 것입니다. 쉽게 말하자면 자기 고집을 내세우지 않고 상대를 인정하는 태도를 의미합니다. 자기가 중요하면 남도 중요하고 남을 세워야 자기를 세울 수 있고 진정으로 사랑한다면 상대를 세워줄 줄 알아야 합니다. 자기가 옳다는 것만 놓아버려도 자기가 모른다는 것만 인정해도 배움의 깊이와 질은 한 차원 업그레이드됩니다.

공자는 논어 양화 편에서 육언육폐六言六蔽에 대해 자로에게 이야기해줍니다.

'인을 좋아한다면서 배우기를 싫어하면 어리석어지고, 지혜를 좋아한다면서 배우기를 싫어하면 허황해지며, 신의를 좋아한다면서 배우기를 싫어하면 의를 해치게 되며, 정직함을 좋아한다면서 배우기를 싫어하면 가혹해지며, 용기를 좋아한다면서 배우기를 싫어하면 난폭해지고, 굳세기를 좋아한다면서 배우기를 싫어하면 무모해진다.'

인仁, 지知, 신信, 직直, 용勇, 강剛이라는 군자의 여섯 가지 덕이 배우지 않으면 여섯 가지 폐단이 된다는 얘기입니다. 아무리 좋은 덕을 품고 있어도 배우지 않는다면 폐단으로 흐를 수 있음을 경계한 말인데 예나 지금이나 이치라는 것은 다를 것이 없습니다.

인간은 땅에서 넘어지는 존재입니다. 땅에서 넘어진 사람은 허공을 붙잡고는 설 수 없고 넘어진 땅을 딛고서야 일어설 수밖에 없습니다. 배움이라는 것도 구체적인 생활과 일속에 있습니다. 현장에 답이 있다는 말처럼 현실을 떠난 그 어떠한 배움도 사변적일 수밖에 없고 허망한 이론에 불과합니다.

배움은 멀리 있지 않고, 결코 어렵지 않습니다. 때때로 하고 내가 발 딛고 있는 현실 그 자체가 교과서라 믿고 실천하면 그만입니다. 그 어떤 사람에게서라도 설사 그 사람이 경쟁자이거나 적이라 할지라도 그 사람에게서 다만 한 가지라도 배울 수 있다고 믿으면 되기 때문입니다.

배움이 없는 리더는 생명력이 길지 않습니다. 함께 오래가는 조직을 이끌 리더라면 배우는 것을 기쁘게 해야 합니다. 공부하는 리더가 공부하는 조직을 만들고 공부하는 조직이 존경받는 리더를 만들어냅니다.

리더는 나쁜 남자?

한때 '나쁜 남자'라는 말이 유행했습니다. '나쁜 남자'는 겉으로 볼 때는 다정다감하지 않고 성격은 좋지 않아 보일지라도 오래 보거나 알고 보면 속정도 깊고 왠지 모를 끌리는 매력을 지닌 사람입니다. 일과 사업에서는 능력과 합목적合目的적인 결단성을 갖춘 사람이자 끝까지 해내고야 마는 인내심과 의지력을 품고 있습니다. '나쁜 남자'를 소재로 영화와 드라마가 제작될 정도로 나쁜 남자는 인기가 있었습니다. 다만 여기서는 '나쁜 남자'를 젠더gender로서 남성을 의미하는 것이 아니라 나쁜 사람 쯤으로 이해하면 되겠습니다. 리더에 대한 이야기를 하면서 나쁜 남자를 꺼냈습니다. 저는 리더야말로 진정 '나쁜 남자'일 때 리더의 역할을 제대로 해낼 수 있다고 봅니다.

힘없는 선善은 악惡보다 못하다는 말이 있습니다. 아무리 선한 의지로 일과 사업을 추구한다고 할지라도 반드시 결과가 선으로 귀착되지는 않습니다. 선한 의지가 선한 결과로 이루어지기까지는 힘없는 선으로는 불가능에 가깝기에 악의 가면을 쓴 오물을 뒤집어쓰는 존재인 리더가 필요합니다. 리더는 인격 모욕적인 욕을 먹기도 하고 인간이 글러먹었다는 평판도 감수해야 하고 주변으로부터 온갖 오해를 받기도 합니다.

그러나 이러한 오물을 뒤집어쓰는 존재인 리더가 없다면 일의 시작은 고사하고 결과를 보장할 수 없습니다. 설사 일이 한 두어 번은 될 수 있을지언정 지속적으로 성사되기는 불가능합니다. 일이라는 것은 시작도 중요하지만 수많은 공정과 과정을 거쳐야만 끝에 도달할 수 있기 때문에 매듭과 마무리를 짓는 데까지 나쁜 역할을 도맡아 하는 리더가 필요합니다.

'나쁜 남자' 리더는 끝을 보겠다는 결단력과 자기 확신 그리고 곳곳에 도사리고 있는 수많은 질곡과 장애도 극복할 수 있는 의지와 능력이 필수적인데 게다가 고독하기까지 합니다. 내공과 맷집이 필요하다는 건데 '나쁜 남자'라야 가능하다는 것입니다.

만델라의 말처럼 어떠한 일도 해내기 전까지는 다 불가능한 것으로 보는 법입니다. 해내기 전까지는 해낸 것이 아니고 해내기 위해서는 덫으로 가득한 현실을 인정해야 합니다. 늘 앞은 어둡고 때때로 불가능과 실패의 기운은 엄습해 옵니다.

하지만 풀 한 포기 나무 한 그루도 꽃을 피우고 열매를 맺기 위해서 얼마나 많은 천둥과 벼락의 두려움과 추위와 더위의 고통을 이겨내야 합니까?

마찬가지로 세상이라는 정글에서 살아남기 위해서 그리고 자신을 믿고 따르는 사람들을 성공시키기 위해서 더욱이 자신의 신념과 꿈을 현실에서 관철시키기 위해서 리더는 매양 스스로를 단련해야 합니다.

리더는 정말 좋은 인성과 고매한 품성을 지녔을지라도 안으로는 채찍질하며 겉으로는 합리가 아닌 합목적으로 이성과 감성을 넘어서는 과감한 직관과 결단력을 지녀야 합니다.

현실 사회는 합리와 공정의 탈을 쓴 채 웃고 있지만, 그 민낯은 불합리와 부조리 불공정의 덫으로 가득 차 있습니다. 불합리 불공정을 이겨내는 힘은 '나쁜 남자'가 갖춘 특유의 돌파력과 목적 중심적 사고에서 나옵니다.

누구나 착한 마음 착한 행동 착한 제품 착한 가격으로 시장을 지배하고 싶지만 바람일 뿐 현실은 냉혹합니다. '나쁜 남자'는 착함 속에 숨어있는 약함을 파악하고 무능과 안일함을 착함으로 포장한 가면을 벗겨내는 사람입니다. 노예가 노예를 부리는 조직이 승리할 수 없기에 주인의식과 사명감을 갖춘 '나쁜 남자'가 리더가 되어야 합니다.

'나쁜 남자'는 지옥으로 가는 길을 잘 아는 사람입니다. 대중을 천국으로 이끌기 위해서는 지옥으로 가는 길을 누구보다도 잘 알고 있는 사람이 필요하기 때문입니다.

인문학이 문제를 만들면 기술이 문제를 풉니다. 인간이 질문을 하고, 과학이 답변을 합니다.

세계는 융합하고 기술은 인문으로 이동합니다.

정답과 해답이 중요한 게 아니라 문제를 찾고 질문을 하는 것이 실력이고 위대한 진보입니다.

8장.
4차 산업혁명에 대한 이해

지금은 4차 산업혁명의 시대인가

이미 한물 지난 유행어가 되어버린 4차 산업혁명! 책이든 미디어나 저널이든 지겨울 정도로 많이 쓰이다 보니 4차 산업혁명이란 말은 일반인에게조차 식상하게 들립니다. 하지만 과연 지금이 4차 산업혁명의 시대인지 아니면 3차 산업혁명의 연장선에 있는 것인지에 대해서는 아직도 의견이 분분합니다. 세계적인 석학이자 경제학자인 제러미 리프킨(Jeremy Rifkin, 1945~)의 경우는 지금은 인터넷을 기반으로 하는 정보통신혁명의 시대인 3차 산업혁명시대의 연장선으로 봐야 하며 핵심 기반기술이 발전했다고 해서 지금을 4차 산업혁명의 시대라고 할 수는 없다는 주장을 합니다.

반면 4차 산업혁명을 처음으로 거론한 다보스 포럼 의장인 클라우스 슈밥(Klaus Schwab, 1938~)은 지금이 속도, 깊이와 범위, 시스템 충격에서 이전 혁명과의 차별성이 있으며, 정보통신기술ICT 융합과 초연결성, 초지능의 영향력과 파급에 있어서 전 지구적 근본적 변화를 가져올 수 있는 4차 산업혁명의 시대라고 주장합니다.

지금을 4차 산업혁명의 시대라고 부르던 3차 산업혁명의 연장선에 있을 뿐이라고 주장해도 큰 문제가 되지는 않습니다. 사실 혁명의 시대라는 것도 짧게는 수십 년에서 길게는 100~200년이 지나 봐야 알 수 있기 때문입니다. 사실 증기기관의 발명과 함께 찾아온 1차 산업혁명이라는 것도 거의 200년이나 지나고 나서야 그때를 산업혁명의 시대라고 했을 뿐이니까요.

불교의 금강경에 '제불 즉비제불 시명제불(諸佛 卽非諸佛 是名

諸佛)'이라는 말이 있습니다. '부처는 부처가 아니라 그 이름이 부처다'라는 말인데요. 4차 산업혁명에 대해서도 4차 산업혁명은 4차 산업혁명이 아니라 그 이름이 4차 산업혁명이다'라고 이해하면 편합니다. 지금이 4차 산업혁명의 눈앞에 있는지 아니면 그 시작의 터널로 들어갔는지는 조금 더 시간이 흘러봐야 확실해질 것입니다.

하지만 확실하지 않더라도 이미 유행어처럼 되어버린 4차 산업혁명이라는 명칭을 쓰는 것 자체는 큰 문제가 되지 않을 것입니다. 물론 인공지능 AI와 빅데이터Big data, 블록체인Block chain 등 4차 산업혁명의 핵심기반 기술의 발전으로 경제체제와 사회구조가 급격하게 변화하고 있는지는 지금으로서는 쉽게 판단하기 어려울 수도 있지만 말입니다.

4차 산업혁명의 정의

산업혁명은 말 그대로 '신기술의 보급으로 경제체제와 사회구조가 급격하게 변화'하는 것입니다. 산업혁명의 정의에 따라 산업혁명의 단계에 따라 살펴본다면 1차 산업혁명은 증기기관에 의한 기계화 혁명을, 2차 산업혁명은 전기에 의한 대량생산 혁명을, 3차 산업혁명은 정보통신기술(IT)과 컴퓨터에 의한 정보혁명을 그리고 4차 산업혁명은 인공지능(AI)과 기술 융합에 의한 지능 및 데이터 혁명이라고 말할 수 있을 것입니다.

이러한 4차 산업혁명의 핵심 기반 기술은 모바일Mobile 기기, 사물인터넷IoT, 클라우드 컴퓨팅Cloud computing, 빅데이터Big data, 인공지능AI(로봇, 3D printing) 등이고 이러한 기반 기술에 자동화와 초연결성, 인공지능에 의한 지식노동의 대체 그리고 CPS(사이버물리시스템Cyber Physical System)가 융합을 통해서 4차 산업혁명이 이뤄진다고 이해하면 됩니다.

사실이 어떻든 또 이름을 어찌 부르던 4차 산업혁명에 대한 정의를 살펴보면 위키피디아는 "제조기술뿐만 아니라 데이터, 현대 사회 전반의 자동화 등을 총칭하는 것으로 CPS와 사물인터넷(IoT), 인터넷 서비스 등의 모든 개념을 포함하는 것"이라고 설명하고 있고, 다보스포럼은 "디지털, 물리적, 생물학적 영역의 경계가 없어지면서 기술이 융합되는 인류가 경험해보지 못한 새로운 시대"라고 정의하고 있습니다. 매일경제 용어 사전에서는 "기업가들이 제조업과 정보통신 기구를 융합해 작업 경쟁력을 높이는 차세대 산업혁명을 의미"한다고 하고, 얼마 전 타계한 우리나라 4차 산업혁명의 선구자였던 이민화 교수는 "인간을 위한 현실과 가상의 융합"이라고 정의하고 있습니다.

저는 개인적으로 이민화 교수의 정의가 마음에 드는데요. 간략하고 쉽고 명쾌하기 때문입니다. 산업혁명의 본질이라는 게 인간의 욕망과 열정을 충족시키기 위해 기술의 혁신이 뒷받침될 때 가능하다는 것이고 더욱이 4차 산업혁명의 경우 현실의 세계와 가상의 세계가 융합함으로써 가능하기 때문입니다.

4차 산업혁명은 융합의 혁명이기에 과학 기술과 사회경제적인 영역만이 아니라 인간과 인문의 영역에서도 혁명적인 변화를 가져올 것입니다. 4차 산업혁명을 통해 비로소 인간은 현실 세계와 가상 세계라는 두 세계의 주인이 될 수도 있게 되었습니다.

세계와 인간은 초연결과 융합의 시대로 나아가고 있습니다. 이제 시간, 공간, 인간은 예전의 시대보다 더욱 강력하게 연결되고 이러한 현상은 비가역적으로 지속될 것입니다. 시간은 과학과 기술로 이뤄가는 생산 혁명의 때를 뜻합니다. 공간은 사회경제적 영역으로 분배 혁명이 이뤄지는 곳입니다. 인간은 인문정신으로 슬기로운 소비 혁명을 해내는 주체입니다. 기술과 사회와 인간이 초융합하여 새로운 세계를 창조하는 것이 4차 산업혁명입니다.

따라서 4차 산업혁명을 과학과 기술의 발전이나 생산력의 혁신만으로 단정하는 것은 맹인모상盲人摸象 즉 장님 코끼리 만지기 식의 단편적인 시각입니다. 천지인 3재를 떼어 낼 수 없듯 4차 산업혁명 역시 시공간과 인간을 떼어 낼 수 없습니다.

4차 산업혁명과 일자리 문제

지금은 세계가 코로나-19 팬데믹으로 주춤하고 있으나 곧 불어닥칠 4차 산업혁명의 파고는 우리에게 생존할 것인가 아니면 멸망할 것인가를 강요하고 있는지도 모릅니다. 문제는 준비를 어떻게 하고 있느냐 하는 것입니다.

시스코시스템즈 존 챔버스 회장은 4차 산업혁명으로 10년 내에 포춘 500대 기업 중 40%, 옥스퍼드 대학의 '고용의 미래'라는 논문은 현존하는 직업 중 47%, 다보스포럼은 700만 개가 넘는 일자리가 사라질 것이라고 예측했습니다. 물론 새로운 환경에 맞는 새로운 기업이 생기고 새로운 직업과 일자리도 생기겠지만 준비와 대비가 충분하지 못한 채 이러한 사태를 맞는다면 기업이든 개인이든 받게 될 충격은 대단할 것입니다. 전 지구적인 쓰나미가 덮쳐오는 것이나 마찬가지일 테니까요.

4차 산업혁명을 비관적으로 전망하는 이들은 4차 산업혁명의 파괴적 기술로 인한 직업의 소멸과 고용 없는 경기회복 그리고 일자리 양극화를 말합니다. 4차 산업혁명의 낙관적으로 전망하는 이들은 신성장동력 확대로 새로운 비즈니스 모델(주문형, 공유형 경제) 탄생 그리고 낮아진 비즈니스 장벽으로 오픈 플랫폼Open Platform이 가능해지고 한계생산비용 제로의 시대가 도래하며 새로운 직업의 출현으로 수많은 일자리와 직업군이 탄생한다는 것입니다.

직업과 일자리 문제는 매우 중요한 사회경제적 문제이기 때문에 슬기롭게 풀어가야만 합니다. 일자리의 변화라는 것은 기술혁신으로 생산성이 낮은 일자리가 기계로 대체되면서 인간은 생산성이 높은 일자리도 이동하는 것이 바람직한 현상입니다. 그리고 기업의 업무가 소멸되고 생성되는 과정을 혁신이라고 한다면 혁신은 파괴로 시작하여 새롭게 생성되고 순환하는 과정으로 이해할 수 있습니다.

4차 산업혁명과 일자리 문제는 인간의 욕망이 기술의 발전과 맞물려 함께 진화하는 과정에서 인간의 욕망이 지속적인 일자리를 만들 수 있느냐는 것이 관건입니다. 인간의 욕망이 지속성장을 보장할 수 있으면 분배 거버넌스와 평생 재교육이라는 사회적 안전망을 통해 일자리 문제를 풀어 갈 수 있게 되기 때문입니다. 따라서 일자리 문제는 인간의 욕망과 욕구의 지속성장성을 믿고 유연성을 통해 기업의 혁신성장을 도모해 주어야 합니다. 이러한 과정에서 나타나는 개별적인 실업 문제는 재교육 시스템과 재취업의 길을 열어서 해결해야 합니다. 이와 같은 방법으로 사회적 약자나 시장의 열패자들을 위한 사회안전망과 기업가를 위한 혁신안전망의 구축을 통해 일자리 문제를 해결해 나가야 합니다.

실패를 준비하는 것

어떠한 변화도 의식을 갖고 움직이는 것이 아니기에 이러한 시대적인 변화와 흐름은 누구에게는 기회이기도 하고 또 누구에게는 위기이기도 한 것입니다. 밀물이 올 때는 배를 띄우고 노를 저어야 합니다. 홍수가 나면 식수부터 준비해야 하는 것처럼 말입니다. 변화에 대비하는 방법과 자세도 어떤 생각과 관점을 갖느냐에 따라 다르게 나타납니다.

세계의 각국은 다양한 이름과 다양한 방식으로 4차 산업혁명을 준비하고 있습니다. 독일은 산업Industry 4.0, 미국은 디지털전환(AMP2.0), 중국은 제조2025, 일본은 소사이어티 5.0(4

차 산업혁명 선도전략)등을 통해 4차 산업혁명의 파고를 넘고
자 합니다.

우리나라도 4차산업혁명위원회 등을 두고 민관협동으로 준비
를 하고 있다고 하지만 미약하기 그지없습니다. 한국정보화진
흥원NIA이 2016년에 발표한 자료에 따르면 우리나라의 4차
산업혁명 준비의 수준은 세계 25위권에 머물고 있다고 합니다.
사회적 인프라, 법적 보호, 기술 숙련도, 교육시스템, 노동시장
유연성 등 여러 지표를 비교한 결과인데 충격적인 준비가 아닐
수 없습니다. 갈 길은 먼데 해는 저무는 꼴입니다. 준비에 더욱
더 박차를 가해야 합니다.

우리나라는 최근까지 미국, 일본 등 선진국을 벤치마킹하거
나 추격하는 시스템으로 시장과 경제를 운영했습니다. 그러나
이제 우리나라는 GDP 3만 불이 넘는 선진국 반열에 올랐고
OECD의 10대 경제무역 대국으로 성장했습니다. 따라서 미일
등 선진제국을 따라 배우거나 추격하는 것만으로는 우리 경제
의 성장 동력은 물론 생산력의 혁신도 요원할 뿐입니다.
스스로의 역량으로 선진국 반열에 우뚝 설 수 있으려면 그만한
준비를 해야만 합니다. 4차 산업혁명의 시대를 어떻게 준비하
고 대응하는가에 따라서 나라의 명운과 기업의 성패가 달려있

다고 해도 과언이 아닙니다.

미국의 국부인 벤자민 프랭클린의 말처럼 '준비에 실패하는 것은 실패를 준비하는 것'이기에 차분히 준비하면 멸망과 실패를 막을 수 있습니다. 그런데 우리나라는 실패를 준비하는 것처럼 보입니다. 4차 산업혁명에 대한 각종 제도와 정책이 규제 일변도이기 때문입니다. 아무리 좋은 기업 지원정책을 가지고 있더라고 그 정책의 효과를 반감시키거나 아예 펼 수 없게 만드는 것이 규제라는 도깨비 방망이입니다.

때문에 좋은 정책을 만드는 것보다 우선적으로 해야 할 일은 규제를 혁파하는 것이며 이것이 실패를 준비하는 것을 막을 수 있는 거의 유일한 길이라 여겨집니다.

벽을 문으로

우리나라에서 스타트업Start-up이 유니콘 기업으로 성공한 사례가 얼마나 있을까요. 세계적인 공유경제 시스템인 우버Uber나 에어비엔비Airbnb는 우리나라에서는 불법입니다. 전 세계 스타트업 70%는 한국에서는 불법일 가능성이 크다고 합니다. 규제가 창업을 가로막고 기업 활동을 옥죄고 있는 것이지요. 현실이 이러하니 정보통신기술ICT을 기반으로 하는 유니콘 기업(연매출 1조 이상의 ICT의 스타트업 기업을 뜻함)이 나올 수 없는 구조입니다. 제도와 기술 중 기술보다 제도가 중요하며 그중에서도 규제정책의 변화야말로 핵심 중의 핵심입니다.

어쩌면 우리나라가 4차 산업혁명을 주도하기 위해 정부가 해야 할 최우선 과제야말로 새로운 지원 제도가 아니라 현존하는 데이터 관련 수집, 저장, 활용에 걸친 전 세계 90위권의 규제를 걷어 내는 일이 아닌가 생각해봐야 합니다.

이제 우리나라의 국가 정책은 4차 산업혁명의 걸림돌을 제거하는 규제 철폐 정책과 기술융합을 확산하는 기술정책으로 나아가야 합니다. 여기에 불확실한 미래를 개척하겠다는 기업가 정신이 결합될 때 4차 산업혁명의 국가적 기반이 만들어질 것입니다.

현실과 가상의 융합을 원활하게 하는 제도와 규제 개혁이 이뤄지면 현실을 데이터화로 가상화하는 사물인터넷, 생체인터넷, 위치기반기술GPS 등 디지털화 기술을 개방 확산하는 것이 가능합니다. 여기에 클라우드 정책으로 형성된 빅데이터를 인공지능을 활용하여 시간 예측과 공간 맞춤이라는 4차 산업혁명적 가치를 창출하는 인공지능 개방 생태계가 만들어지게 됩니다.

4차 산업혁명의 두 개의 기둥은 빅데이터와 인공지능입니다. 빅데이터는 클라우드가 구축되어야 가능한데 개인정보의 보호와 활용의 균형이 정책의 핵심입니다. 이렇게 클라우드에 모여진 빅데이터는 인공지능에 의해 업무 효율화 등으로 활용되어야 합니다. 빅데이터는 인공지능의 연료이자 양식이기 때문에 빅데이터가 제대로 공급될 때 인공지능도 제대로 된 역할을 할 수 있습니다.

이렇듯 몇 가지의 장애를 걷어 내는 것, 데이터의 활용도를 높일 수 있게 합리적인 데이터 수집이 가능하게 해주는 것, 민간 기업이 스스로 할 수 있도록 정부는 규제를 철폐하고 개인이든 기업이든 누구나 드나들 수 있도록 벽을 문으로 바꿔줘야 합니다. 그 문으로 사람들이 걸어가면 길이 만들어집니다. 더욱더 많은 사람들이 그 길을 걸어가 마침내 그 길이 고속도로가 될 때 우리나라는 4차 산업혁명의 선도국가로 우뚝 설 수 있게 될 것입니다.

4차 산업혁명 대응 전략

더 빠른 말을 원하던 시대에 자동차가 승리할 수 있었던 이유는 기술 자체가 아닌 비즈니스 모델의 혁신 때문입니다.
'우리는 차를 만든다 → 당신은 차를 산다 → 폐차까지 우리가 수리한다 → 몇 년마다 반복한다'라는 어찌 보면 단순하기 그지 없는 자동차산업의 비즈니스 모델의 혁신과 자동차 할부금융 제도의 도입으로 8%에 불과하던 자동차 점유율을 80%로 올릴 수 있었습니다.

4차 산업혁명 시대의 시대정신도 이와 크게 다르지 않습니다. 새로운 경영 기법과 융합적인 통합과 혁신적 자세로 새롭게 사회와 연결할 때 4차 산업혁명에 대응할 전략을 마련할 수 있습니다. 사람들은 전략이라는 것이 전쟁을 훌륭하게 치를 수 있는 고명한 이론으로 생각하지만 저는 전략戰略이라는 것은 경쟁이나 싸움을 생략하거나 축약하는 것으로 이해합니다. 싸움이 없는 새로운 길을 제시하고 경쟁이 없는 가치를 열어가는 것이 최고의 전략이라는 것을 삶의 경험과 교훈을 배운 탓입니다. 아무리 사소한 싸움과 경쟁이라 할지라도 서로에게 커다란 상처가 되며 결과 역시 그다지 큰 도움이 되지 못하기 때문입니다.

어려울수록 생략하고 단순화해야 합니다. 따라서 4차 산업혁명의 전략은 일단 올라타고 차별화하고 선도화하는 것으로 정리할 수 있습니다. 우리는 우리의 의지와는 상관없이 이미 4차 산업혁명이라는 호랑이 등에 올라타 있습니다. 정신만 바짝 차린다면 호랑이를 제어할 수 있습니다. 그렇지 못하면 상황은 참담하겠지요. 마찬가지로 4차 산업혁명이라는 로켓이 발사되었다면 좌석이 있고 없고, 승차권이 있고 없고를 떠나서 일단 올라타고 봐야 합니다. 그래야 뒤처지지 않을 수 있고 설사 따라갈지라도 갈 수 있기 때문입니다. 먼저 시작하고 후발일지라도 시작하고 무조건 시작함으로써 성장과 진화의 과정을 만들어 낼 수 있어야 합니다.

올라탄 이후에는 다른 나라와 다른 기업과 차별화를 하는 것이 중요합니다. 다른 것이 가장 훌륭한 것(Difference is Excellent!)입니다. 생활이든 사업이든 아주 작은 차이가 만들어내는 아주 커다란 가치가 파괴적 혁신을 가져오고 해체를 통해 새로움을 창조합니다. 여기에 개방성, 공공성, 기업가 정신

등이 합해지면 끌어오고, 촉진하고, 매칭하는 등의 시너지가 만들어지게 됩니다. 하기 전이나, 하고 난 후나 똑같다면 우리는 그 무엇도 할 필요가 없습니다. 오직 차별적인 것만이 살아남을 수 있고 다르기 때문에 가치를 인정받을 수 있습니다.

세 번째 단계로 선도화 전략이 필요합니다. 4차 산업혁명은 전 지구적 범위에서 글로컬Glocal(국제global와 현지local의 합성어로 지역 특성을 살린 세계화를 말함)하게 진행됩니다. 시대를 이끌기 위해서는 산업 인터넷의 글로벌 호환 체계를 구축하여 저비용 고효율의 온라인 환경을 지역과 개인 모두에 제공하는 것에서부터 시작할 수 있습니다. 이미 풍요의 시대 한계비용 제로의 시대입니다. 미래를 보고 나아가려면 공유와 개방의 정신으로 세상을 선도해야 합니다. 여기에서 앞서지 못하면 생존할 수 없습니다. 태풍이 불면 누군가는 담을 쌓지만, 누군가는 풍차를 준비합니다.

4차 산업혁명의 대응 전략을 세우고 시행하는 것은 결국 사람입니다. 주도적(주체적) 리더십과 혁명적 흐름에 맞는 담대한 비전을 갖춘 사람 즉 리더가 사회 곳곳에서 준비되고 배양되어야 합니다. 주도적 리더십은 상황을 기다리지 않고 미리 준비하고 앞서서 실천할 때 만들어집니다. 이러한 주도적 리더십이 통찰력과 직관을 갖추면 혁명적 시대에 맞는 담대한 비전이 제시됩니다. 길이 멀어야 말의 힘을 알 수 있고 일이 어려워야 사람의 능력을 알 수 있습니다.

먼 길이자 힘겨운 일에서 우리 사회의 4차 산업혁명을 이끌 주도적 리더십이 만들어질 것입니다. 강철은 이런 때에 단련됩니다.

자본에서 인본으로

1차 기계혁명과 2차 서비스 혁명은 결핍의 시대에 일어났고, 결핍과 필요가 도전과 창조로 이어졌습니다. 3차 지식혁명과 4차 융합혁명은 풍요의 시대에서 출발했고 이제는 과학과 인간의 융합으로 세계가 초생산 초연결 초통합의 길을 걸어가고 있습니다. 기술 과학혁명에서 출발하여 경제사회혁명을 거쳐 인간 인문혁명으로 나아가고 있습니다. 인간을 위한 기술과 과학의 가능성은 경제적 비즈니스의 지속성을 만들었으며 여기에 인간의 욕망과 열정을 더해 인문정신으로 승화시키는 데에 이르렀습니다.

이제 기술과 욕망의 공진화(共進化)를 통해 인간 완성의 길로 나아가고 있는 시대입니다. 세계의 변화를 제대로 보기 위해서는 과학과 기술의 시각이 아닌 인간이 무엇을 추구하는가를 파악할 때 비로소 가능합니다. 이러한 시각으로 본다면 바야흐로 세계는 4차 산업혁명을 통해 과학 기술의 발전과 증강현실 등의 기술융합으로 가상세계의 결과를 현실 세계로 가져와 인간을 이롭게 하는 단계에 이르렀다고 해도 과언이 아닙니다.

인간은 더 나은 세계에서 더 나은 삶을 살아가야 합니다. 그러기 위해서는 선순환의 철학과 개인의 확장을 인정해야 합니다. 과거에 비해 인간의 능력은 10.000배 향상되었습니다. 현실 및 가상의 세계와 사회가 10.000배 커졌기 때문입니다. 이웃에 누가 사는지도 모르며 곁에 있는 사람의 일도 관심이 없는 덩치 큰 도시화된 사회에서 살아갑니다. 하지만 인간은 개인의 확장으로 소셜미디어, 소셜 커머스, 소셜 러닝, 소셜 펀딩 등 수많은 소셜 OOOO 등을 더하며 현실과 가상의 공간을 넘나들며 생활합니다.

더욱이 증강사회에서의 인간은 오감을 융합하고 연결하는 슈퍼맨이자 포노사피엔스라는 신조어처럼 아바타이자 외뇌外腦

로서 스마트폰은 생명의 일부이자 팩토리로 기능하고 있기까지 합니다. 이러한 변화는 생물학적 진화가 아닌 공학적 진화로 강화된 인간 휴먼 3.0의 출현을 의미하기도 합니다. (휴먼 1.0은 자연환경에 종속된 원시 인류, 휴먼 2.0은 더 나은 삶을 추구하는 인간으로서 자연과 공존하는 기술을 개발해온 현재의 인류를 뜻함)

일Job은 생산을 위한 노동이고 인간을 노예화하지만 업業은 미래를 위한 일Work이자 인간을 주인으로 만들어줍니다. 소비와 놀이는 현재의 나를 위한 것이자 놀이와 재미를 선물합니다. 인간이 노동에서 해방되어 일을 한다는 것 그리하여 재미와 의미의 세계에서 살아간다는 것은 인류의 영원한 꿈이었습니다. 이제 4차 산업혁명으로 롱테일 법칙Long Tail theory(파레토법칙에 배치하는 것으로, 80%의 사소한 다수가 20%의 핵심 소수보다 뛰어난 가치를 창출한다는 이론)이 작용하고 제러미 리프킨의 주장대로 4%만 일해도 모두가 먹고사는 세상을 이룰 수 있게 되었습니다. 전쟁 같은 노동에서 벗어나는 것이야말로 천국으로 가는 길이 아닐 수 없습니다. 시장과 경제가 사람을 위해 일을 하게 해야지 사람이 시장이나 경제를 위해 일해서는 안됩니다.

일과 생산 그리고 소비는 자본과 자원 중심이 아니라 철저히 인간과 관계 중심으로 시각과 관점이 변해야 합니다. 초인류의 세상으로 가기 위해서는 소유에서 공유로 그리고 창조적 녹색성장을 이뤄야 합니다. 성장과 분배의 선순환을 통해 창조와 협력이 가능한 열린 사회를 만들어야 합니다. 모든 가치가 인간의 인간에 의한 인간을 위한 것이 될 수 있게 말입니다.

인문학이 문제를 만들면 기술이 문제를 풉니다. 인간이 질문을 하고, 과학이 답변을 합니다. 세계는 융합하고 기술은 인문으로 이동합니다. 정답과 해답이 중요한 게 아니라 문제를 찾고 질문을 하는 것이 실력이고 위대한 진보입니다.

인간은 동물적 생존에서 벗어나 사회적 성장을 통해 사회를 구성하고 세계의 지배자가 되었습니다. 이제 4차 산업혁명 시대를 맞아 인간은 정신적 성장으로 자기완성의 길 즉 초생명 초통합의 길을 걷고 있습니다. 매슬로의 욕구 마지막 5단계는 자아실현의 단계인데 이제 인간은 6단계인 타아실현으로 가는 길을 걷고 있는지도 모릅니다. 자본에서 인본으로의 길 말입니다.

생활인을 위한
인문학 가치 열 가지

1. 감사
2. 책임
3. 인내
4. 겸손하기
5. 공평
6. 정직
7. 용기
8. 예의
9. 유머
10. 성실

생활인을 위한
인문학 가치 열 가지

1. 감사

부지런한 사람의 하루는 게으른 자의 백 년 보다 낫다는 말이 있다. 평범한 이 이야길 누군가는 수십 번에서 수백 번을 곱씹었으리라. 나는 또한 생각한다. 옥타비아누스의 '천천히 그러면서 서둘러라'는 일종의 시테크(時 Tech)에 대해서 말이다.

어려운 얘길 빌려 쓰지 않더라도 주어진 시간을 얼마나 값지게 또 최선을 다해 사용하는가에 따라 미래는 결정된다. 미래를 예단하기는 어렵지만, 미래라는 놈도 결국 점이 모여 선이 되고 선이 모여 면을 이루고 면이 모여 입체를 만들 수 있듯 매

순간순간의 결과로 만들어지는 창작물에 다름 아닐 것이다.

나는 생활인의 인문학적 덕목 가운데 무엇보다 중요한 가치는 '감사'하는 마음이라 생각한다. 특히 그냥 감사해하는 마음이 아닌 잘 되었든 잘못되었든 성공했든 실패했든 '결과'에 감사하는 마음이 중요하다고 믿는다.

사실 범사에 감사하면서 하루하루를 살아간다는 것은 말처럼 쉬운 일이 아니다. 특히 지금처럼 COVID-19로 인한 전대미문의 팬데믹을 넘기 위해서는 보통의 내공으로는 쉽지 않다. 때문에 생활인들이 이러한 고통과 간난의 시대를 감사해하면서 살아가라고 이야기하는 것 자체야 말로 서글픈 일이 아닐 수 없다. 게다가 결과에 감사하기를 하려면 얼마나 많은 준비와 각오 그리고 받아들임이 필요한가. 이러한 결과에 감사해야 한다는 얘기는 가톨릭의 '내 탓이오' 하는 마음공부와 상통하는 얘기와도 같은 맥락이리라.

보통의 사람은 삶과 생활 속에서 주변이나 곁의 사람들이 내린 평가 즉 평판 지수를 통해 검증된다. 자신이 살아온 삶의 이력도 자세도 잘 모르지만 주변은 늘 나 자신을 평가하고 있다. 결국 본인 스스로의 의도나 뜻과는 상관없이 우리는 아무개와 비교당하고 아무개의 평가를 받게 된다. 정치인은 표로 심판받고 경제인은 성과로 심판받지만, 생활인은 주변에서 내린 이러저러한 비교와 평가를 통해 평판이 내려지고 인정받거나 심판받는 것이다. 정치인이든 경제인이든 생활인이든 사람은 결국 주변의 좋은 평가를 위해서는 사람의 마음을 얻어야 가능한 것이고 이는 자신이 얼마나 사람들에게 마음을 다해 노력했는가에 따라서 달라진다.

주역의 이치처럼 모든 것은 변화하고 변화하지 않는 것은 하나도 없는 것이 현실이니 생활과 삶에서 우리가 변수라는 하는 것 역시 상수常數로 밖에 이해할 수 없는 것이다. 따라서 자기를 떠나 누구를 탓하는 것이야말로 현실에 대한 부정이자 무책임 그 자체에 불과하다. 현실은 늘 변화하고 살아 꿈틀대는 자연 그 자체다. 핑계 없는 무덤 없다지만 탓하는 때는 이미 늦어버린 때라 생각한다.

결과에 감사하기 위해서는 미루지 말고 실천해야 한다. 이를 나는 즉각 실천이라 하는데, 오늘 일은 오늘에 하라는 말로 누구에게든 실질적인 내일이 없기 때문이다. 논어 선진先進편에서 공자의 제자 계로季路-자로의 또 다른 이름-가 "감히 죽음에 대해 묻겠습니다"(敢問死감문사) 하자 공자는 "삶도 모르는데 어찌 죽음을 알겠느냐?"(未知生미지생 焉知死언지사)고 답한다. 참 우문에 현답이라는 얘긴 많이 들어 봤지만 기가 막힌 답변이자, 오늘과 현재라는 시점 즉 죽음보다는 삶에 대한 치열한 공자의 실천의식이 깊이 녹아 있는 답이라 아니 할 수 없다.

지금 당장, 오늘, 현재에서 할 수 있는 일을 미루지 않고 바로바로 처리한다는 것은 생활인의 미덕이자 이러한 실천만이 오늘을 제대로 살고 아름다운 미래를 만들어가는 참다운 길이자 죽음이나 죽음 그 이후의 문제마저 불안케 하지 않을 수 있는 힘을 지닌 생활의 자세이자 태도라고 말할 수 있다.

오늘 우리는 결과에 감사하기 위해서 즉각적인 실천을 할 것이다. 사람들을 만나고 전화하고 글도 쓰고 책도 읽을 것이다. 사람의 마음을 얻기 위해 말이다. 하지만 이 두 가지의 지표를 기술이 아니라 마음이라는 점이라 늘 새기면서 오늘을 하루를 활기차게 보내야 한다.

From now, from today!

2. 책임

6.25 한국전쟁 때 중국의 주석 마오쩌둥은 자신의 친아들 마오 안잉을 전쟁에 참전시켰으나 전사했다. 마오는 국가의 주석으로서 책임을 다하고자 다른 나라의 전쟁에 자신의 아들을 비롯해 한국전쟁에서 중국인민 해방군 수십만 명이 참전했고 그 가운데 수만 명이 전사했다. 가히 중국과 북한은 혈맹이라 할 만하다.

마찬가지로 미국의 경우도 아이젠 하워 대통령의 아들을 비롯해서 패튼 장군의 아들, 워커 장군의 아들 등 군 장성 이른바 상류층의 자식들이 병역의 책임을 회피하지 않고 다른 나라의 전쟁에 참전했으며, 수만 명의 전사자 및 희생을 치르면서 한국을 도왔으니 미국과 한국 역시 혈맹이다.

1982년 영국과 아르헨티나가 벌였던 포클랜드 전쟁에 영국 왕자와 대처 총리의 아들들이 주저함 없이 참전하여 승리로 이끌었으니 이 역시 상류층의 사회적 책임이라 할 수 있다.
전쟁의 성격이나 양태를 떠나서 자신이 속한 공동체 즉 국가의 안전과 국민의 생명을 지키기 위해서 기꺼이 위험을 감내하는 것을 우리는 '노블레스 오블리주'라며 아름답게 기억한다.

하지만 우리 사회의 소위 말하는 지도층이나 상류층의 사회적 책임은 어느 정도인지 생각해보면 답답하기 그지없다. 대통령 선거나 선출직에 출마해서 자신과 아들이 병역기피 또는 면제 의혹에 휘말린 사람이 한둘이던가. 정치인 등 권력자만이 아니라 재력가나 우리 사회의 속칭 상류층이라 부류 역시 자식의 군 면제, 상속이나 탈세 문제 때문에 온갖 편법과 도덕적 일탈을 하는 것은 얼마나 책임 없는 짓인가 말이다.

생텍쥐페리의 '어린 왕자'에 보면 여우와 어린 왕자의 다음과 같은 대화가 나온다.

"네 장미꽃이 그토록 중요한 꽃이 된 것은, 네가 그 꽃을 위해서 바친 그 많은 시간들 때문이야"

"내가 그 꽃을 위해서 바친 그 많은 시간들 때문이야"

어린 왕자는 그 말을 기억해 두기 위해 되풀이했다.

"사람들은 이 진리를 잊어버렸어. 하지만 너는 잊어버리면 안 돼."하고 여우는 계속 이어 말했다.

"네가 길들인 것에 대해서 너는 영원히 책임을 느끼게 되는 거야. 너는 네 장미꽃에 대해 책임이 있어."

"나는 내 장미꽃에 대해 책임이 있어...."

어린 왕자는 그 말을 기억해 두기 위해 다시 한번 되풀이해서 말했다.

그렇다. 우리 모두는 사랑하는 것을 얻기 위해 시간을 바치고, 그 마음을 길들이고자 노력한다. 그것이 그러한 것에 대한 마음 씀씀이 책임이다. 약속을 지키는 것, 의무를 다하는 것, 자기가 하기 싫은 일을 남에게 시키지 않는 것, 최선을 다하기 위해 노력하는 마음씨들 이러한 것들이 모여 책임이 된다.

책임을 가장 잘 표현한 글귀 가운데 하나는 공자의 '己所不欲勿施於人기소불욕물시어인'이라는 말일 것이다. '내가 하기 싫어하는 일은 다른 사람에게 베풀지 마라.'라는 말인데 단순한 진리처럼 보이지만 사실은 지키기가 쉽지 않다. 스스로 가슴에 손을 얹고 생각해보면 나는 정말이지 내가 하기 싫은 일을 남에게 시키지 않았는지 금방이라도 알 수 있는 문제다. 많은 사람들은 자신의 문제를 스스로 책임지는 것을 어려워하거나 두려워하거나 또는 싫어하는 마음이 사회에 만연하다.
정치인 탓 지도층 탓하기 이전에 내가 장미꽃을 보는 것이 즐겁다면 장미꽃에 물을 주고 가꾸는 일을 귀찮아해서는 안 된다. 반려동물과 함께 살아가려면 이쁠 때나 늙고 병들었을 때나 한결같이 한마음으로 지켜줘야 한다.

그렇다. 누군가를 지키는 것 아끼는 마음 그것이 책임이다.

3. 인내

내 취미 가운데 시간 가는 줄 모르고 하는 두 개가 있다면 바둑과 활쏘기이다.

바둑은 그리 기력이 높지 않지만 어찌 그리 재미있는지 바둑을 두다 보면 시간이 금방 지나간다. 바둑의 격언을 담은 명언 열 가지를 '위기십결圍棋十訣'이라 하는데 핵심적 요약은 경솔히 두지 말고 신중히 하라는 얘기다.

나는 바둑을 대학 졸업 후 배웠는데 가르쳐준 선배는 "바둑은 참는 게임이고, 참을 줄 알면 한 급수 올라간다."고 했다. 실제 바둑을 빨리 두다 보면 실수가 나오고, 힘을 비축하고 참지 않으면 공격은커녕 내 세력이 지워지고 마는 게 바둑의 이치다. 기회가 올 때까지 그리고 내 힘을 제대로 펼 수 있을 때까지 결국 참아야 하는 것이다.

또한 내가 즐겨 하는 스포츠 가운데 하나는 국궁이다. 활을 배우고 쏜지는 10년가량 되었고 여전히 재미있게 그리고 마음 수양을 위해 계속한다. 예전 활쏘기는 군자의 필수 덕목이었다. 군자육예(예악사어서수禮樂射御書數:예의·악기·활쏘기·말타기·글쓰기·수학) 즉 군자라면 반드시 익혀야 할 여섯 가지 가운데 활쏘기가 있다.

예전 인기 드라마였던 '성균관 스캔들'을 보면 주인공들이 정조 임금을 모시고 하는 대사례 즉 활쏘기 장면이 나오는데 성균관에 있는 활터 이름이 '육일정六一亭' 즉 군자육예 가운데 활쏘기가 으뜸이라고 해서 육일정이다.

활을 배우고 쏘는 일은 쉽지 않다. 초보자는 현을 당기는 것 자체도 힘겹다. 수주에서 수개월의 연습과 수련을 거쳐 사대에 서서 활을 쏘게 되는데 사대에서 과녁까지의 거리는 145m로 꽤 먼 편이기에 과녁을 맞추는 일은 그리 쉽지 않다. 화살이 과녁에 맞는 것을 '관중'이라 한다.

사대에 서서 시위를 당기고 화살촉으로 과녁을 본다. 그리고 정확히 조준을 했는지 내 호흡은 어떠한지 또 내 자세는 완벽

한지 등을 챙긴 후 활을 쏜다. 이 역시 급하면, 그리고 삿된 마음이 있으면 좀처럼 관중은 쉽지 않다. 특히 관중을 하기 위해서는 활을 끝까지 당기는 자세에서 다만 몇 초라도 버텨내는 참음과 인내가 있어야 가능하다. 물론 나는 과녁을 맞히는 관중보다 득중 즉 마음의 중심을 얻는 것이 활쏘기를 하면서 할 수 있는 마음공부이기에 더욱 소중하게 생각한다.

우리 사회처럼 각박한 곳에서 참고 인내한다는 게 쉬운 일은 아니다. 나는 20대 청년 시절 학생운동을 하다가 두 차례 감옥에 갔었는데 감옥에 있는 사람들이 가장 많이 한 문신이 '인내 忍耐'라는 글귀임을 보면서 인내하고 참는다는 것이 얼마나 어려운 일인지를 역설적으로 깨달았다.

그렇다면 생활인에게 인내는 어떠한 의미를 주는 것인가. 우리는 호모종에 속하며 한 하늘 아래 하나의 국가 공동체에서 살아간다. 어쩔 수 없이 대한민국이라는 '민주공화국'의 일원이기에 본인의 사상, 정견, 철학, 종교, 재산, 학식, 성별의 차이에도 불구하고 싫든 좋든 자신의 호불호 친불친과 관계없이 정치, 경제, 사회, 문화를 떠나서 살아갈 수 없다.
때문에 나의 조국과 내가 살아가는 공동체가 마음에 들지 않아도 인내하고 기다리며 참아낼 수 있어야 한다. 예전이라면 조국을 등지는 것도 쉬웠고 훌쩍 떠나는 것도 그리 어렵지 않았다. 하지만 지금은 코로나로 인해 그도 쉽지 않다.

따라서 처신과 처세의 문제만이 아니기에 물고기가 물속에서 자연스럽게 헤엄치듯 사람에게 착근하고, 사람으로부터 나오는 신뢰에서 힘이 축적될 때까지 참아야 한다. 인내의 노력과 기다림의 시간은 결코 배신의 열매를 키우지 않으며, 참고 기다리며 인내한 세월은 마침내 오늘을 살아나는 나의 삶에 나이테로 남겨질 것이다.

4. 겸손하기

우리가 살고 있는 은하에는 약 2천억 개의 별이 있으며, 우주 전체에는 헤아릴 수 없을 정도로 많은 은하가 있다. 지구의 모래알(Billions and Billions) 만큼이나 많은 별들이 우주 안에 흩어져 있다. 이렇게 많은 별들 가운데 지구처럼 인간 같은 고등 생명체나 지능을 지닌 생명체가 살고 있는지는 아직 공식적으로 확인되지 않았다.

우리에게 텔레비전 시리즈물 〈코스모스〉와 영화 〈컨택트〉의 원저자로 잘 알려진 미국의 천문학자 칼 세이건(Carl Sagan)은 우주는 인간만을 위해 만들어진 것이 아니라고 말했다. 우주는 인간만이 존재하고 향유하기에는 너무도 넓고 크며 아름다운 곳이라서 반드시 우주 어딘가에 인간만이 아닌 생명체가 존재할 것이라는 뜻일 테다.

아직도 우주는 팽창하고 있고 우주의 끝은 없다. 이처럼 무한한 곳에서 인간만이 유일하며 절대적 존재라고 믿고 있는 사람들을 순진하다고 생각하는 것은 천문학자의 입장에서는 너무도 당연한 귀결이다.

하나 지구라는 작지만 아름다운 행성에 인간이라는 생각할 수 있는 종이 있음으로 해서 우주라는 거대 무한 공간의 존재의 의미가 있는지도 모르겠다. 실제 과학이 발전하면서 절대적 법칙이 지배하던 고전물리학의 시대에서 시공간마저도 상대적이라는 상대성이론의 시대를 지나 현대물리학은 양자역학의 시대로까지 발전했다.

양자역학과 양자물리학의 시각에서 보면 이 무변광대한 우주라는 것도 인간이라는 관찰자 즉 인간이 바라보지 않는다면 존재하지 않음과 다름없다니 우주가 아름다운 이유는 지능 있는 행성 우리 지구가 존재하기 때문이고 별의 티끌에 불과하지만, 인간이 존재하기 때문에 우주의 존재가 의미 있는 일이 되는 것이다. 여하튼 별들이 총총한 하늘을 바라보면 가슴이 뛰고 경외감이 드는 것인 나만의 생각인가.

겸손이란 말을 끌어오기 위해 우주까지 동원했다. 우리 존재를 낮추거나 무시하기 위함이 아니라 무한한 시·공간에서 인간이란 나약한 존재가 벌이고 있는 오만과 우쭐 됨이 얼마나 부질 없는 것인가를 말하기 위함이다.

사람은 크게 두 부류로 나눌 수 있단다. 강한 자에게는 한없이 약하고 약한 자에게는 한없이 강한 부류와 강한 자에게 강하고 약한 자에게는 약한 부류로 말이다. 현실을 보면 거의 맞는 얘기가 아닐 수 없다. 자신이 먼저 알았다고 또 많이 안다고 해서 잘난 체하며, 또 먼저 많이 가졌다고 타인을 무시하고 억누르려는 마음을 갖게 하는 비참한 현실! 정글의 모습을 한 우리 사회의 현실이다. 나훈아의 형님이라는 테스 형이 말한 것처럼 인간은 무지에 대한 지 즉 자신이 모른다는 것을 알아차리고 겸손하게 인정하는 것이 진정한 앎으로 가는 유일한 길이다.

우리가 가져야 할 여러 덕목 가운데 겸손이야말로 참 미덕이다. 내가 먼저 알았다고 먼저 가졌다고 잰 체하거나 뻐기지 않는 것, 자신을 낮추는 것, 사람 속으로 들어가는 것, 자기 무엇이 부족하고 무엇을 더 채우고 고쳐야 하는가를 기꺼이 받아들이는 마음 그것이 겸손일 테다.

우리는 틈만 나면 정치인을 탓하고 욕한다. 그래서 스탈린은 "정치인은 강이 없는데도 다리를 놓겠다고 하는 사람들"이라며 정치인을 비꼬았다. 지금도 일부 정치인들은 선거철이면 자신이 하지도 않은 일을 마치 자신이 한 것처럼 나불대거나 가짜 민주주의 거짓 민주주의로 대중을 기만한다. 하지만 조금만 생각해보면 이게 어찌 정치인들의 문제란 말인가. 우리 스스로가 그러한 정치인들 바로 심판할 수 있는 준비와 내공이 부족하기에 그들의 눈 속임와 세치혀에 놀아나는 것은 아닌가.

동서고금을 막론하고 대접받고자 하는 사람은 먼저 타인을 섬겨야 한다. 서번트 servernt 리더십이라는 말도 있지 않은가. 우주의 입장에서 보면 인간이야말로 정말 보잘것없이 작은 존재다. 그러나 보잘것없는 존재인 인간이 존재하지 않는 한 우주도 의미 없는 시공일 뿐이다. 더욱이 티끌 같은 인간이 지닌 겸손이라는 미덕이 있기에 이 아름다운 우주 또한 품어 낼 수 있는 것이다.

5. 공평

구동존이(求同存異) '같은 점은 구하고 차이는 인정한다.'는 말이다. 나는 중국의 외교 전략으로 많이 알려진 이 말을 좋아한다. 차이와 다름을 차별로 만드는 관용 없는 사회에서 우리 모두가 의식적으로 고민해 봐야 할 말이라고 믿기 때문이다.

많은 사람들이 틀림과 다름을 왕왕 구별하지 않고 혼용해서 같은 뜻으로 사용한다. 틀림을 영어로 표현하면 wrong 또는 mistake로 '잘못되다'는 뜻일 테고, 다름은 differ(different)로 차이·구별이라는 뜻이겠다.

나뭇잎 꽃잎 하나도 같은 게 없는 것처럼 사람 모두는 다르다. 우주 삼라만상 모든 것이 어제 다르고 오늘 다르며 같은 것은 하나도 없다. 다르기 때문에 소중하고 같은 것이 하나도 없기에 아름다운 것이다. 모든 것은 변화하고 세상에서 오직 유일한 진리는 어쩌면 변화한다는 사실 그 자체만은 변하지 않는다는 명징한 사실일 것이다.

차이와 다름을 인정하는 것에서부터 공평한 마음은 싹튼다고 본다. 공평이라는 것은 공정하고 평등하다는 뜻이겠다. 공정하다는 것은 있는 그대로를 인정하면서 여러 가지 다양한 눈과 귀로 봐주고 들어주며 공명정대한 입장을 만들어가는 것이리라. 평등이라는 것은 지위 고하, 성·계급, 재산, 피부색 따위에 아랑곳하지 않고 인간(human)이라면 모든 천부적 인권과 가치는 똑같이 인정돼야 한다는 것이다. 이게 공평이고 관용일 거다.

젊은 시절 '능력만큼 노동하고 필요만큼 소비하거나, 필요만큼 노동하고 필요만큼 생산하는 사회'를 꿈꾸기도 했다. 경제결정론이라는 결정적 오류로 맑시즘은 실패했다. 당시 꿈을 꾸던 20대 청년은 이제 586의 중년이 되었다. 당시 평등이라는 말은 거의 결과의 평등 수준에 가까웠다. 그것이 공평하고 또 추구해야 할 가치라며 거리낌 없이 빈곤한 사상 덩어리를 날리곤 했다.

그런데 사회를 다양한 입장 그리고 공평한 눈으로 바라보게 되니 결과의 평등이란 있을 수 없다는 것을 알게 되었다. 기회의 평등 그것이야말로 진정 공평한 마음을 가지고 있는 이 시대의 자유인이 추구해야 할 가치이고 이것이 바로 서야 나라도 사회도 바로 설 수 있다고 믿는다. 그것이 정의의 길이고, 공공선을 추구하면서 공화적 공동체로 진일보하는 그나마 빠른 길이기 때문이다.

지금 시대 우리는 비판과 비난을 구분하지 못하고, 칭찬과 아부를 혼동하면서 산다. 맹자는 아첨하며 머리를 조아리는 것이 한여름 뙤약볕에서 밭을 매는 것보다 힘들다고 했다. 구분할 것은 분명히 구분하고 당당히 잘못된 것은 사사로운 마음 없이 비판하는 것 이것이 공평한 마음의 실천 방법이다. 당리당략으로 패거리를 지어 낯빛을 어지럽히면서도 하는 말들은 공평과 공정을 거리낌 없이 이야기하는 시대다.

공정함을 공평한 마음을 유지하면서 어려워도 차이와 다양성이 공존할 수 있도록 서로를 배려하는 사회, 구호화되고 박제화 된 그런 일심단결이 아니라 그 차이가 창의가 되고 다양이 문화가 되는 넓은 마음이 필요하다. 입으로는 정의와 평등을 외치면서도 틈만 나면 협소하게 내 편 네 편하며 서로를 가르고 정의라는 이름의 횃불로 자유를 불태워 죽이려는 맹동은 없는가. 학의 다리가 길다고 자를 순 없지 않은가!

6. 정직

솔직한 마음, 곧은 마음, 반듯한 기상. 나는 정직을 이렇게 해석한다. 행동으로는 거짓말 안 하기, 양심 다치게 만들지 않기, 아는 것은 안다고 하고 모르는 것은 모른다고 떳떳하게 인정하는 것 그것을 정직의 행동이라 믿는다.

바른말과 바른 태도만으로 살기에는 우리 시대 참 험했다. 그래도 양심수라 불리었고 그것이 그렇게 부끄럽지는 않았으며, 누구 눈치 보며 할 말 못 하지는 않았다.

시간이 흐르고 어른(중년)이 되면서 선의든 악의든 어쩔 수 없이 때때로 거짓말도 하게 되고, 그러면 속이 불편에 화장실을 자주 드나들기도 했다. 요즘도 그렇고 왠지 맘에 없는 말 하려면 낯빛이 달라져 쉽게 마음 들키곤 한다. 아직 능수능란하고 단수 높은 사람이 되지 못한 이유이고, 내가 추구하고 있는 삶의 방식과 인생의 지망志望이 그러한 행동에 익숙해 있지 못한 때문이다.

나는 사람들의 가장 중요한 덕목이 '결과에 감사하기'라고 믿는 사람이다. 그런데 이는 구체적으로 무엇을 뜻할까. 쉽게 말해 뿌린 만큼 거둔다는 진실을 믿는 것 그리고 그 결과에 대해 스스로 책임지는 것 그것이 정직한 사람의 삶이고 인생의 방식이어야 할 것이다.

많이 가진 자 많이 배운 자들이 거짓도 많고 도둑질도 많이 한다. 그렇다 보니 정직하다는 것을 예전 순수한 것을 순진하다 하듯 바보로 취급하는 게 지금의 세태다. 초등학교 시절 어느 반이든 걸려 있었을 법한 급훈이 '정직'이었다. 학교는 가르치는 곳이 아니라 배우고 익히는 곳이다. 세상이 나의 거울이고 시대가 우리 정신의 지표이듯 아이들은 어른의 거울이고, 어른의 아버지다.

어릴 때는 정직이라는 것 그것이 가장 중요하고 배울 때도 역시 가장 중요한 덕목 가운데 하나라고 가르치면서 나이가 들고 가르칠 때는 어떠한가. 처신과 처세의 기술을 전수한답시고 하는 것이 반듯한 정직보다는 구불구불한 돌아감이 아닌가. 마치 대단한 지혜와 수완을 물려주는 것인 양 떠들어댄다.

배부른 돼지가 되기보다는 차라리 배고픈 인간이, 만족스러운 바보가 되기보다는 불만족스러운 소크라테스가 되는 것이 더 바람직하다는 말이 있다. 조금 불편해도 떳떳 당당하게 자기 이름 석 자 걸고 걷는 길이라면 반듯하게 걷자. 부끄럽지 않은 어른답게 살고자 한다면 수많은 곡선보다 직선으로 가는 길이 어떤 지름길보다 빠름을 아이들이 깨닫게 하자. 시원한 장맛비도 수직으로 서서 죽지 않느냐.

7. 용기

라이트 형제는 숱한 실패를 거듭한 끝에 비행할 수 있는 기쁨을 누렸다. 이카로스의 밀랍 날개가 인간이 하늘을 날고 싶었던 동경이었다면 이 동경을 현실로 만들기 위해 라이트 형제는 무수한 시행착오와 실패의 날들을 아프게 인내했다.

모든 추락하는 것에는 날개가 없다는 두려움을 극복하려고 이들은 얼마나 자신을 채찍질하고 다짐했을까. 실패를 두려워하지 않는 아니 실패조차 기쁘게 감내하려는 용기 있는 마음을 모아 이들 형제는 꿈을 현실로 일궈냈다.

1665년 아이작 뉴턴이 만유인력의 법칙을 발견했다. 뉴턴은 지구의 중력을 벗어나서 달까지 가려면 시속 4만 킬로미터라는 속도가 필요하다는 것을 계산했다. 그러나 말과 마차가 동력의 거의 전부였던 뉴턴의 시대에 시속 4만Km의 속도를 내야 한다는 것은 말 그대로 상상일 뿐이었을 것이다.

그러나 인간은 용기 있는 챌린저가 있어 인간은 꿈꾸어 왔던 많은 상상들을 하나하나 현실화해 냈다. 달에 디뎠던 첫걸음의 의미가 인간은 언젠가 지구라는 요람에서 나와야만 한다는 사실을 일깨워 주는 것처럼 4차 산업혁명과 새로운 민주주의의 도약과 인간의 진보를 위한 길에 용기 있게 뛰어들어 판을 바꾸어야 한다. 요람에서 꿈꾸는 나약한 모습이 아닌 철저한 자기 준비와 희생정신 그리고 자신감을 가지고 벅찬 상상력에 대한 도전해야 한다.

누군가 말했다. 배를 만들고 싶다면 "나무를 베어 와라. 밧줄을 만들어라. 돛을 구해와라."하고 지시하는 게 아니라 바다를 알려주고 바다에 대한 동경을 갖게 하는 것이라고.

바다의 신이 포악하기로 유명한 포세이돈인 이유는 바다에 대한 인간의 두려움이 낳은 결과였지만 지금 인간은 어떠한가. 바다는 여전히 위험하고 두려운 바다인 것은 똑같지만 무한한 가능성과 미래가 있는 바다에 대한 동경은 인간에게 도전과 동기를 부여했고 인간은 바다 없이는 하루도 살기 어려운 존재가 되었다.

자신을 알아달라고 사랑해달라고 구걸하듯 외치거나 몸부림치기 전에 정말 자기 스스로가 자신과 이웃과 공동체에 대한 용기 있는 사랑을 하고 있는지 돌아봐야 한다. 공자는 소인과 군자의 차이를 논하면서 문제를 자기에게서 찾지 않고 밖에서 구하는 자는 소인이고, 어떠한 문제라도 본인에게서 구하는 자가 군자라고 했다.

저울의 추는 내가 저울에 올라가지 않으면 움직이지 않는다. 자신의 마음과 이웃의 마음도 같다. 온전히 함께 공유할 때 함께 웃고 기뻐할 수 있을 것이다. 두려움을 날릴 수 있는 기쁜 마음으로 출렁이는 사람의 바다에서 우리의 동경을 현실로 만들어 보는 일을 지금부터 당장 시작하는 것 그것이 바로 용기다.

8. 예의

공자께서 말씀하셨다. "군자는 다툴 것이 없으나, 꼭 있다면 활쏘기일 것이다. 서로 읍하고 사양하며 사당에 오르고, 시합이 끝나 내려와서는 벌주를 마시니, 그 다툼도 군자답다."

子曰 君子無所爭 必也射乎 揖讓而升 下而飮 其爭也君子
자왈 군자무소쟁 필야사호 읍양이승 하이음 기쟁야군자.

군자君子는 사람과 다투는 바가 없고 일에서도 다투는 바가 없어 모든 것을 예를 갖추어 사양하며 얻는다. 이를 예양禮讓이라 한다. 공자는 육예 가운데 하나인 사 즉 활쏘기의 예를 들어 군자의 처세와 태도를 얘기하고 있다.

활쏘기 시합을 시작할 때는 서로 마주 보고 인사하면서 예양을 표시하고, 그런 다음 시합을 하고 승부에 상관없이 술 한 잔을 마시면서, 이긴 사람은 '사양해 주셔서 감사합니다.'하고 진 사람은 '잘 배웠습니다.'하면서 예의를 갖춘다. 비록 경쟁하는 입장이라 할지라도 항상 예의와 인문을 지킨다는 뜻이다.

활을 배우면 먼저 접하는 원칙이 있는데 궁도구계훈과 집궁제 원칙이다. 궁도구계훈에 불원승자不怨勝者-이긴사람을 원망하지 않는다-라는 말이 있고, 집궁제원칙에 발이부중發而不中 반구제기反求諸己-쏘아서 맞지 않으면 자신의 마음가짐과 자세에서 찾는다-라는 말이 있다. '불원승자 반구제기'라는 말은 공자가 한말로 맹자에도 그리고 중용에도 나오는 중요한 말인데 다툼도 예의 있게 하고 문제도 객관이 아닌 자신과 사람에게서 찾아야 한다는 중요한 얘기다. 즉 남 탓 객관 탓하지 말고 자기에게서 문제를 찾고 해결하라는 말이리라.

예의 문제를 얘기하면서 2,500년 전 성현의 가르침을 길게 따왔다. 그리고 내가 즐겨 하는 궁도까지 끌어왔다. 물론 지금 사회 예의나 예가 얼마나 많이 없어지고 사라지고 있는가. 물론 예의가 조금 없다고 해서 큰 문제가 되지 않을 수도 있다. 하지만 지키면 아름답고 있으면 존중받거나 존경받는 것 그래서 사람됨의 잣대가 될 만한 근거를 나는 예에서 찾을 수 있다고 믿는다.

살다 보면 경쟁은 기본이다. 누구는 경쟁은 거지같지만 경쟁하지 않으면 거지가 된다며 경쟁의 어쩔 수 없음을 얘기했다. 일면 맞는 말씀이지만 경쟁하지 않을 것까지 경쟁으로 몰아가고 불필요한 싸움과 경쟁 때문에 스스로를 허비하는 삶이야말로 각박하다 못해 잔인할 지경이다.

유치원부터 대학교까지 창살 없는 시설 쓸만한 학교라는 감옥에 갇혀 십수 년을 벗들과 경쟁을 하면서 보낸다. 사회에 나오면 취업과 취업이후에는 승진을 위해 동료와 경쟁을 하면서 팍팍하게 살아간다. 이 가운데 생산적이고 전진적이며 혁신적인 경쟁은 얼마나 되던가. 사실 우리가 하고 있는 대부분의 경쟁은 소모적이며 인간성을 파괴하고 퇴행적인 것이 다수다. 경쟁을 최소화하고 그 자리에 예를 세우는 것이야말로 개인의 수양을 넘어 공동체의 가치를 실현하는 지름길이 될 것이다.

예의를 매너와 에티켓 등으로 포장된 처세술의 문제로 범주를 국한시키면 안 될 일이다. 텅 빈 머리로 진정성 없이 하는 인사와 읊조림이 어떤 감흥을 대중에게 선물할 수 있겠는가. 정말이지 마음을 다해 예를 다해 자신이 믿는 종교나 자신의 조상

모시듯 사람에게 역사에 복무해보자.

우리는 사람이다. 사람이라면 먼저 사람이 되어야 하고 마땅히 사람 노릇 할 수 있어야 한다. 예의야말로 타인에 대한 배려이자 자신에 대한 마음 씀씀이다. 우리나라 동이 민족은 공자님도 부러워한 군자가 결코 죽지 않는다는 군자불사지국君子不死之國으로 예양이 넘치는 군자들의 나라였음을 자랑스럽게 기억해야 한다.

9. 유머

70년대 군사독재 시절 어느 대학에서 실제 있었던 일을 어느 선배에게 들은 얘기다.

학교에서 데모를 조직하고 연설을 하고 있는데 경찰과 전경들이 가로 막자 이 사람 이렇게 말했단다.

"경찰은 즉각 물러가라. 만약 즉각 물러가지 않는다면 ….(한참을 뜸을 들인 뒤, 경찰이 물러간 예도 없고 그럴 기미도 보이지 않자) 잠시 후에 물러가도 좋다."

긴장하고 엄숙했던 시위대와 경찰 측 모두가 뻥 터졌단다. 하루하루가 전쟁 같기만 했던 독재 시절에도 이런 그가 했던 유머와 순간의 기지는 운동권 내에서 두고두고 회자되곤 한다.

유머란 개그맨의 전유물이 아니다. 유머가 진정으로 필요한 곳은 무대나 극장이라기보다는 첨예하게 대립하고 있는 각박한 정치판이고 퍽퍽한 우리네 살림 판이다. 해학과 기지, 재치와 웃음이 필요한 곳과 때는 언제나이어야 하고 일상이라는 얘기다.

예전 조선시대 왕과 신하들이 했다는 '공당놀이'에서 그리고 태조 이성계와 무학대사와의 '부처의 눈에는 부처만 보이고 돼지의 눈에는 돼지만 보인다.'는 대화에서 우리는 군주와 신하라는 수직적 서열보다는 벗과 사람 사이의 기지와 해학이 넘쳐남을 느낄 수 있다.

사막이 아름다울 수 있는 것은 어딘가에 오아시스가 있기 때문이라고 어린 왕자는 말한다. 가도 가도 끝이 없다면, 시지프스의 바위를 굴리는 것이 우리네 서민의 삶이라면 이건 정말이지 살기 싫을 것이다. 끝내고 싶을 것이다.

유머는 찡그린 얼굴을 펴게 만드는 비타민이고, 축 처진 어깨를 일으켜 세우는 영양제이며, 전쟁 같은 날들을 버티며 희망 있는 싸움을 하는 많은 생활인을 위한 활력소다.

방송 3사 TV 정규 방송에서 개그 프로그램이 사라졌다. 국민이 웃음을 접할 수 있는 기회도 쪼그라들었다. TV를 틀면 주야장천 뉴스만 나온다. 뉴스야말로 거의 대부분이 19금이다. 싸우고 욕하고, 죽고 죽이는 이야기로 채워진 뉴스가 19금이 아니면 무엇이 19금이란 말인가. 아침 드라마는 막장이고 서민들은 트로트만 나오는 음악방송만 들으며 살아가란 말인가. 참말로 답답하다.

가끔 섹시한 마를린 먼로의 입술 위에 있는 점을 지우고, 연예인 정봉남의 점으로 만들어 보는 상상을 해보라. 웃음이 절로나온다. 행복해서 웃는 게 아니라 웃어서 행복하다는 사실은이미 과학적으로 밝혀진지 오래다.

1% 특권세력 기득권층을 위해 99% 시민이 힘겨운 세상을 살아간다. 우리 사회 양극화의 모순은 계속 심화되고 시장의 패배자는 늘어만 간다. 그들의 꾹 다문 입술을 열게 하고, 쳐진 입꼬리를 올려주어 잠시라도 일상의 고단함을 잊고 웃음을 짓고미소를 머금게 만들어주는 것이 정부가 해야 할 일이고 방송국이 해야 할 일이고 지식인들이 해야 할 일이다. 정부는 국민이

하루에 한 번이라도 다만 몇 분씩이라도 웃을 수 있도록 모든 노력을 기울여야 한다. 웃음을 잃은 민족에게 미래는 없기 때문이다.

10. 성실

무언가를 성취했거나 탁월한 업적을 남겼거나 이러저러한 성공을 이룬 사람들에게 공통적으로 따라붙는 단어는 성실이라는 것이다. 성실이라는 것처럼 쉬우면서도 실천하기 어려운 것이 세상에 또 있을까.

성실하다는 것은 작심하고 계획한 일들을 비가 오나 눈이 오나 신실한 마음으로 지키며 해내는 것이다. 흔히들 작심삼일이라 해서 결심이 며칠 가지 못함을 이야기하지만 그런데 작심한다는 것은 마음을 만들고 마음을 세우며 그래서 마침내 그 마음을 다잡는 일로 생각처럼 쉬운 게 아닌 것이다.

살면서 누군가와 의기투합을 해서 무언가를 일관되게 추진하는 것도 쉬운 일이 아니며, 더욱이 혼자의 힘으로 외로운 결단을 내려야 하고 그것을 지킨다는 것은 그리 녹녹치 않은 작업이다. 성실한 마음을 지키는 것이 물건 지키기보다 어렵기 때문이다.

취미로라도 운동을 해보면 보통 3년 정도가 지나야 그 방면에서 어느 정도 성취를 이룰 수 있다. 시간과 노력이 켜켜이 쌓여야 그 결실을 조금 맛볼 수 있다. 특히 중요한 것은 매일 또는 매주 꾸준히 그저 시간을 들여야 한다는 것이다.

공부를 하거나 운동을 하거나 일을 하거나 무엇보다 중요한 것은 때때로 꾸준히 지속적으로 하는 것이다. 이렇게 하려면 습관이 되어야 하는데 3주 즉 21일간 '아침에 일찍 일어나기', '독서 하기' 등 어떠한 일이든 꾸준히 하면 그것이 습관이 되어서 어렵지 않게 할 수 있다는 책도 있고, '1만 시간의 법칙'이라는 책을 보면 어떤 일이든 1만 시간을 쏟으면 그 분야에서는 거의 전문가 수준이 된다고 주장하기도 한다. 이러한 주장들도 결국 근면하고 성실하게 무언가를 꾸준히 실천할 때 성과와 성취를 이룰 수 있다고 제시한다.

우리는 아침에 배달되는 신문이나 우유를 별 고민 없이 받아볼 때 무슨 생각을 할까. "아침 어떤 뉴스가 나왔을까 아니면 오늘 우유는 신선한데."하는 생각들은 아닌지. 그런데 조금만 마음 써 고민해 보면, 우유와 신문이 온 것이 아니라 새벽 찬 공기를 뚫고 언 손 비비며 왔을 신문 배달부와 우유 아주머니 아저씨의 정성이고 고마움이다. 우유와 신문이라는 물건이 아닌 하루를 빼놓지 않는 사람의 노고와 성실함이 우리 집 앞에 배달되는 것으로 이해해야 한다.

일본의 대표적인 인재 양성 기관인 마쓰시다 정경숙政經塾에서 기숙하는 학생이 꼭 지켜야 할 일은 자기 방은 자기가 알아서 치운다는 '청소하기'다. 그리 어려운 일 같지 않지만 자신의 방은 반드시 자신이 청소해야 한다는 원칙을 지키지 못하면 퇴교조치다. 청소하기라는 작지만 성실한 행동을 할 수 없다면 인재로 키워질 수 없다는 단호한 조치인 것이다.

성실하다는 것은 DNA로 타고나는 것이 아니다. 땀 흘리는 사람을 소중히 여기고, 그 땀방울의 진정성을 믿으며 그들의 마음을 이해할 때 본인도 성실이 왜 필요한지 느끼게 된다. 사람의 마음이 전달되는 신문 한 장 우유 한 팩에서 사람의 정성을 발견하듯 성실은 관점과 입장을 바로 하면 다르게 보일 수 있는 것이다.

길이 멀어야 말의 힘을 알 수 있고, 일이 오래되어야 사람의 마음이 드러나는 법이다. 석가모니의 마지막 유언은 방일放逸(자신과 남들의 행복과 이익에 도움이 되는 선을 짓는데 게을리하도록 하고 도덕적으로 나쁜 행위들을 하게 만드는 심소이다. 일상적으로는 제멋대로 거리낌 없이 노는 것, 다시 말해서 방종하여 욕망이 작용하는 대로 흘러 선을 힘쓰지 않는 마음의 상태를 말함)하지 말라는 말이다. 인생이라는 먼 길에 많은 어려운 숙제를 우리는 떠안고 있다. 방일하지 않고 성실함 신독의 마음으로 누가 보던 그렇지 않던 함께 가자 이 길을.

살다보니
인문학

초판 1쇄 발행 2020년 11월 27일
초판 1쇄 인쇄 2020년 11월 24일

저자 정현태
디자인 편집 (주)피알펙토리 플랜
발행 홍기표
등록 2011년 4월 4일 (제319-2011-18호)
전화 02-780-1135
팩스 02-780-1136
페이스북 http://www.facebook.com/Geultong
이메일 geultong@daum.net
ISBN 979-11-85032-52-8
정가 15,000원